Y A DES CALES EN BOURG

Jacky LESIRE

Editions théâtrales ART ET COMEDIE
3, rue de Maivaux
75002 PARIS

A ma femme,

A ma sœur...

Cette pièce a été jouée pour la première fois
les 6, 7 et 13 mars 1999
à PLESSALA dans les Côtes d'Armor
par la troupe de l'amicale laïque.

NOTE SUR L'AUTEUR

Originaire des Ardennes où il a passé une partie de sa jeunesse, notamment à Givet, l'auteur qui est entré dans la vie active comme aide-comptable s'est vite reconverti dans le commercial.

L'essentiel de sa carrière s'est déroulé en Bretagne où il s'est installé avec son épouse.

A l'heure de la retraite il s'est aussitôt investi dans des activités bénévoles auprès d'associations diverses. Acteur amateur dans une petite troupe théâtrale qui lui en a confié la présidence, il s'est mis rapidement à l'écriture, son rêve de toujours.

Il a d'abord écrit une nouvelle puis cette pièce : "*Y a des cales en bourg*" qui a remporté un vif succès lors de sa première représentation. Ainsi encouragé il s'est attaqué à l'écriture d'une seconde pièce.

PERSONNAGES

GERALD : Patron du bar, la trentaine, veuf, père d'une petite fille.

LES CLIENTS

ELEONORE : Age indifférent, un peu hargneuse, style campagnard.

MARIANNE : Sœur d'Eléonore.

Mme MARTIN : La concierge.

YVON : La trentaine, ami de Gérald, amoureux d'Anna.

PERE JACK : Vieux retraité, comportement un peu gamin.

LOUISE : Retraitée, veuve.

CLAIRE : Célibataire, 20 à 35 ans.

ANNA : La marchande de nougats, 25 à 35 ans.

SONIA : Petite amie de Gérald, faisant jeune.

La scène représente l'intérieur d'un petit bar sommairement équipé. Un petit comptoir situé côté jardin. Deux ou trois rayons avec verres et bouteilles. Trois petites tables dont une ronde au centre de la scène. Des chaises (trois par table). Affiches de bar et deux ou trois cadres. Une boîte, genre boîte à biscuits, sera posée sur l'un des rayons... La porte d'entrée sera côté cour, la porte des W-C au centre.

ACTE I

Lever de rideau

Derrière le comptoir, Gérald essuie des verres. A la petite table centrale, Marianne et Eléonore sont absorbées par une partie de scrabble tandis qu'à la table au fond à gauche, le Père Jack est plongé dans son journal ; de temps en temps il prend des notes sur un petit carnet.

GERALD - Alors les joueuses, cette partie de scrabble, ça avance ?

(La porte s'ouvre, la concierge entre.)

Ah ! Bonjour madame Martin...

ELEONORE - La pip'lette, il n'manquait plus qu'elle !

Mme MARTIN - *(négligeant la remarque)* Bonjour tout le monde...

MARIANNE et **PERE JACK** - *(ensemble)* Bonjour madame Martin.

GERALD - Un petit rhum ? *(Sans attendre, il la sert.)*

MARIANNE - Dis-donc Gérald, ça fait dix minutes qu'on joue, il n'faudrait pas nous oublier... nous.

GERALD - *(saisissant deux verres et une bouteille qu'il met sur un plateau, il balance un torchon sur l'épaule)* Oh ! Excuse-moi Marianne *(et très fort)* deux Julienas... deux... comme d'habitude.

MARIANNE - Oh ! Tu n'pourrais pas être plus discret non ! T'es pas obligé d'l'annoncer à la cantonade qu'on boit du Julienas ! *(Puis presque fâchée)* Non mais c'est vrai ça... On pourrait nous prendre pour des poivrotes !

ELEONORE - Et nous, on n'est pas des poivrotes.

(Tous rient.)

GERALD - Bien sûr Eléonore, qui a dit ça ?

Mme MARTIN - Personne pardi... Tout le monde sait bien que vous n'êtes pas des poivrotes... Est-ce que j'ai l'air d'une poivrote, moi ? Pourtant je bois une vingtaine de petits rhums par jour.

MARIANNE - Oui, eh bien quand on en s'ra à une vingtaine de Julienas, on en r'parlera... En attendant, Gérald, *(elle détache)* de la dis-cré-tion.

ELEONORE - C'est ça... de la distraction !

(Tous rient.)

GERALD - C'est d'accord... à l'avenir je serai plus discret... là !

Mme MARTIN - *(s'approchant)* Qu'est-ce que vous en avez de la chance de pouvoir jouer au scrabble ! On a beau dire, mais le chômage a ses bons côtés. Moi je voudrais...

GERALD - *(l'interrompant)* Oh ! madame Martin, ce n'est pas gentil ce que vous dites là.

MARIANNE - C'est même méchant... Nous, on n'a pas d'mandé d'être au chômage.

ELEONORE - Non... on n'a pas d'mandé... Mais puisqu'on y est, il faut bien qu'on s'occupe.

MARIANNE - Mais si ça vous gêne, soyez rassurée, dans trois s'maines, vous n'nous verrez plus. On s'en va toutes pour trois mois faire un stage de reconversion... oui... c'est comme ça qui disent.

ELEONORE - Parfaitement, toutes, Claire et Sonia aussi. *(Puis un peu hargneuse)* Vous êtes contente ?

Mme MARTIN - *(levant les bras et retournant au comptoir)* Oh là là... si on ne peut plus causer maintenant ! *(Elle boit une gorgée.)*

GERALD - Si, madame Martin, on peut causer... mais il ne faut pas être méchante... j'aime mieux quand vous nous racontez les potins.

Mme MARTIN - Oh ! les potins... à part la fête des nougats...

GERALD - Ah oui... c'est vrai... ça doit commencer à bouger.

Mme MARTIN - Pour bouger... ça bouge... c'est même un sacré chantier. Ils ont commencé la construction des podiums et les gars de la commune sont à préparer les chars... ça fait un de ces bazars ! En plus il y a les forains qui commencent à arriver ! *(Elle boit à nouveau une petite gorgée.)* Tiens... à propos de forains... te souviens-tu de Anna... la marchande de nougats ?

(Les joueuses et le Père Jack, soudain intéressés, lèvent la tête.)

GERALD - Qui ne se souvient pas de Anna... hein Marianne ?

MARIANNE - Tu parles ! l'Yvon en était tombé paf...

ELEONORE - Oui... mais elle aussi... elle était mordue. L'année dernière, après la fête, elle voulait même l'emm'ner avec elle... en Normandie.

Mme MARTIN - Et son boulot ? Il ne pouvait quand même pas laisser son boulot ! Si encore ça n'avait pas été aussi loin, ils auraient pu s'arranger, mais la Normandie... c'est pas la porte à côté.

MARIANNE - C'est vrai, je m'souviens maint'nant... elle était de Sées, dans l'Orne.

GERALD - Oui... c'était en quelque sorte sa fille-en-Sées.

(Tous pouffent sauf Eléonore.)

MARIANNE - Ça y est... c'est parti... l'premier d'la journée.

PERE JACK - Et sans doute pas le dernier.

Mme MARTIN - Il est quand même pas mal pour un premier.

ELEONORE - *(n'ayant pas compris)* Mais pas du tout... Ils n'étaient pas fiancés !

MARIANNE - T'as rien compris. Gérald n'a jamais dit qu'ils étaient fiancés.

ELEONORE - Non mais, j'suis pas sourde quand même !

MARIANNE - Il a dit *(elle détache)* fille... en... Sées... qui habite Sées.

9

ELEONORE - Qu'est-ce que vous êtes compliqués !

MARIANNE - Si tu veux. *(Un temps)* N'empêche il en a pris un coup l'Yvon quand elle est partie... pendant des mois qu'il en a parlé, et Anna par-ci, et Anna par-là, on a bien cru qu'il allait tout plaquer pour aller la rejoindre.

GERALD - C'était devenu son Anna chronique.

(Tous rient de bon cœur sauf Eléonore.)

PERE JACK - Je l'avais bien dit qu'il y en aurait d'autres.

ELEONORE - J'vois pas c'qu'y'a d'marrant !

GERALD - Mais au fait, pourquoi vous nous parlez de Anna ?

Mme MARTIN - Pourquoi ? *(Puis se redressant et regardant autour d'elle comme pour guetter la réaction que pourrait provoquer sa révélation.)* Eh bien, parce que je l'ai vue.

TOUS ENSEMBLE - Quoi ?

Mme MARTIN - *(fière d'apprendre la nouvelle)* Oui... Anna est revenue.

GERALD - C'est pas une blague au moins ?

Mme MARTIN - Pas du tout, je lui ai même parlé.

GERALD - Diable ! Qu'est-ce qu'elle vous a dit ? Elle n'a quand même pas parlé d'Yvon ?

Mme MARTIN - Si, justement, elle m'a demandé si il venait toujours ici. Je ne pouvais quand même pas lui mentir... je lui ai dit oui... elle a semblé être contente, elle a même dit qu'elle passerait pour essayer de le voir.

MARIANNE - Ça alors...

ELEONORE - Ben dis-donc, quand l'Yvon va savoir ça !

MARIANNE - Il est capable de s'trouver mal !

GERALD - J'en ai peur.

PERE JACK - Mais non, il est capable de sauter de joie au contraire.

Mme MARTIN - *(contente de l'effet produit et se frottant les mains)* C'est pas tout ça, moi j'ai du boulot... je ne suis pas au chômage... moi... *(Et elle s'apprête à sortir.)*

TOUS ENSEMBLE - Oh !

Mme MARTIN - *(se retournant)* Tu mets ça sur ma note. *(Et elle sort.)*

MARIANNE - Sacrée pip'lette ! Elle n'est contente que quand elle lance des piques.

GERALD - Oh ! Il ne faut pas trop y faire attention ! *(Puis s'approchant des joueuses)* Alors Marianne, où tu en es ?

ELEONORE - Elle ne sait plus où elle en est, la pauvre... J'suis en train d'lui coller une pâtée à ma p'tite sœur, j'te dis pas !

MARIANNE - Tu parles ! Elle n'a pas d'mal, elle invente des mots.

ELEONORE - Dis qu'je triche, l'temps qu't'y es. Primo : j'invente pas d'mots. Deusio...

MARIANNE - *(s'esclaffant)* Deusio !

ELEONORE - Oui... deusio, tu dis ça parc'que tu vois qu'tu perds.

MARIANNE - Comment j'perds ?

ELEONORE - Oui... Tiens... Il n'me reste plus que quatre lettres : deux "A", un "N" et un "O". J'utilise le premier "N" de nunuche et j'écris ANONA. Ça t'en bouche un coin, hein !

MARIANNE - Ah ! non, ça n'me bouche rien du tout. ANONNA, c'est du verbe *(elle détache)* A-NON-NER... Il te faut trois "N".

(La porte s'ouvre, Yvon fait son entrée.)

YVON - Bonjour tout le monde. Alors les filles, ça va ?

MARIANNE - Les filles ! Non mais...

(Il leur fait une bise puis va serrer la main au Père Jack et ensuite à Gérald.)

GERALD - Bonjour Yvon. Tu tombes bien, j'avais justement une nou...

YVON - *(l'interrompant un peu excité)* Sers-moi un petit rhum.

ELEONORE - Tiens, t'es plus au Julienas maintenant ?

YVON - Non, j'ai décidé de faire comme la concierge. Elle n'est jamais malade, elle, ça doit venir de ça. Il parait qu'elle en boit une vingtaine par jour.

GERALD - *(le servant)* Et tu veux faire comme elle ! Eh bien tu n'es pas au bout !

YVON - Oh ! J'y arriverai, j'en suis déjà au quatrième.

GERALD - Attention quand même, parce que comme je te connais... à six t'es rond.

(Tous rient, sauf Eléonore.)

PERE JACK - Ça continue...

ELEONORE - Qui va à Sisteron ? Moi j'connais quelqu'un...

MARIANNE - *(l'interrompant)* Mais personne, allez... joue... on n'va pas y passer la journée sur cette partie.

YVON - Sacrée Eléonore ! Dis donc, je viens de voir le petit Michel d'Estaing...

ELEONORE - Le fils du président ?

(Tous rient.)

MARIANNE - Mais non grosse bête, Yvon veut parler du p'tit Michel, le commis d'Ange le boulanger.

ELEONORE - Ah ! bon... ben ç'ui-là... Il a un p'tit vélo dans l'crâne.

GERALD - C'est vrai qu'il n'est pas futé.

YVON - Tu ne connais pas sa dernière ?

PERE JACK - Moi je la connais, c'est même marqué dans le "Potin du bourg" : il s'est inscrit pour le concours de saut à l'élastique de dimanche.

YVON - Oui... c'est ça...

GERALD - Mais il est complètement fou ! Quand Ange va savoir ça... Vous vous rendez compte ?...

YVON - Se jeter dans le vide... de si haut... ça sera le sot de l'Ange !

(Tous rient sauf Eléonore.)

PERE JACK - Le sot de l'Ange ! Oh là là, si tu t'y mets aussi aux calembours...

ELEONORE - Ben moi, j'y comprends rien à vos cabans lourds !

MARIANNE - C'est pas cabans... Oh puis tu comprends rien ! C'est vrai qu'ils sont pas terribles, mais enfin on s'amuse bien.

PERE JACK - Et c'est le principal.

MARIANNE - N'empêche, quand il s'ra tout en haut, il aura intérêt à serrer les fesses le Michel.

YVON - Pour ça, il n'y aura pas de problème.

ELEONORE - Pas de problème pour serrer les fesses ?

YVON - Oui, parce que Michel serre haut !

(Eclat de rires général sauf Eléonore.)

GERALD - Michel Serrault... Oh là là, tu me bats. Bon... maintenant soyons un peu sérieux.

YVON - Mais je suis toujours sérieux.

GERALD - Oui... mais... *(il hésite un peu)* j'ai... j'ai une nouvelle à t'apprendre mais... *(Il arrête un instant.)*

PERE JACK - *(comme un enfant et frappant sur la table)* Il se dégonfle, il se dégonfle, il se dégonfle...

(Tout le monde s'arrête net et le regarde.)

ELEONORE - V'la qu'y r'tombe en enfance maint'nant !

(Le Père Jack se calme.)

YVON - Oh là là *(les regardant alternativement)* vous m'inquiétez, c'est pas une mauvaise nouvelle au moins ?

GERALD - Non... non... Mais je préfère quand même que tu t'asseyes.

YVON - *(surpris)* Que je m'asseye ? Et c'est une bonne nouvelle...

GERALD - Oui... enfin non... je ne sais plus.

YVON - Vous m'intriguez *(prenant une chaise)* je m'asseois.

GERALD - *(se lançant, très vite)* Anna est revenue...

YVON - Anna ? An' *(Puis comme mu par un ressort, il bondit en criant presque.)* Anna ! *(Se rasseyant aussi vite)* Oh c'est pas vrai... tu me fais marcher...

GERALD - Non... je ne te ferais pas marcher avec ça... Anna est vraiment revenue... Madame Martin lui a même parlé.

YVON - Et la concierge lui a parlé !... Ça alors !

GERALD - Oui... elle lui a dit qu'elle passerait par ici pour essayer de te voir...

YVON - Essayer de... *(Se relevant à nouveau d'un bond)* Mais c'est merveilleux ! *(Il saute en l'air, se met à chanter et à sautiller puis attrape au passage Eléonore et fait deux pas de danse avec elle avant d'embrasser tout le monde, même Gérald et le Père Jack.)* Que je suis heureux !

MARIANNE - Bien vrai, on peut dire que ça lui fait de l'effet !

YVON - *(se calmant)* Vous ne pouvez pas comprendre... nom d'une pipe... si elle veut encore de moi…

GERALD - Mais bien sûr puisqu'elle a dit qu'elle essayerait de te voir.

YVON - Bon... eh bien je vais tâcher de la trouver le premier... A tout à l'heure. *(Et il sort.)*

GERALD - Moi qui craignais que ça se passe mal...

PERE JACK - Je me doutais bien qu'il sauterait de joie !

ELEONORE - C'est dommage !

MARIANNE - Qu'est c'qui est dommage ?

ELEONORE - Qu'il soit amoureux d'Anna pardi.

MARIANNE - Non mais dis donc... tu n'vas pas m'dire que...

(Eléonore fait oui de la tête, tout le monde rit.)

Il n'manquait plus qu'ça... *(Puis riant)* Allez viens nigaude... il m'semblait qu'tu d'vais m'coller une pâtée... Toujours est-il que tu n'peux pas marquer ANONNA, il te manque un "N".

ELEONORE - Bon... eh bien moi j'suis pas convaincue... Voyons voir... Au fait tout à l'heure, t'as bien dit Ah ! non ?

MARIANNE - *(ne se souvenant plus)* Euh... p't'être...

ELEONORE - Alors voilà... j'ai trouvé, et j'ai gagné... je place mes quatre lettres... tu vas être obligée de m'payer la tournée sœurette.

MARIANNE - Comment ça ! Mais je n'vais rien t'payer du tout ! Tu n'as pas gagné *(riant)* t'as mis A-A-N-O-N. Ça n'existe pas : le p'tit d'l'âne, c'est un ânon... A-N-O-N, t'as mis un "A" de trop.

(Père Jack et Gérald s'amusent follement.)

14

ELEONORE - *(presque fâchée)* Mais tu m'prends pour une nulle ! J'te parle pas d'la bête idiote qui a quatre pattes et qui fait *(elle imite l'âne)* hi-han !

MARIANNE - Alors si c'est pas l'ânon, moi j'vois pas.

ELEONORE - Mais si, quand t'es pas d'accord avec quelqu'un, tu dis bien *(elle prolonge le ah)* Aah non ! Donc il y a deux "A".

(Le Père Jack et Gérald pouffent.)

Et même si tu insistes un peu, comme ça Aaah non tu pourrais en mettre trois, voire quatre même... Tu vois.

(Tous rient de bon cœur.)

MARIANNE - *(se remettant)* Bien vrai. Explique-lui, toi, Gérald, moi j'renonce.

GERALD - *(s'étant approché et après avoir regardé le jeu)* Là Eléonore, Marianne a raison... Ah non c'est en deux mots : Ah avec un "H" et plus loin non N-O-N.

ELEONORE - *(vexée)* Bon j'ai compris, si vous vous mettez à deux contr' moi, je n'joue plus... J'vais voir l'Père Jack. *(Elle se lève et, très droite, la tête haute, elle va s'installer près du Père Jack qui ne semble pas très ravi de cette compagnie.)*

MARIANNE - Ma sœur est vraiment nulle ! Par moments on a même l'impression qu'elle perd la boussole.

ELEONORE - Ah j'suis nulle ! Et j'perds la boussole. Eh bien !

GERALD - Là, Marianne, ça c'est pas possible.

MARIANNE - Comment ça, qu'est-ce qu'est pas possible ?

GERALD - Eléonore ne peut pas perdre la boussole parce que *(il décompose)* elle-est-au-Nord.

(Tout le monde s'esclaffe.)

ELEONORE - C'est malin !

(La porte s'ouvre, Anna entre.)

TOUS ENSEMBLE - Anna !

MARIANNE - Ça alors !

ANNA - Bonjour tout le monde. *(Elle va faire la bise à tous.)* Vous n'avez pas vu Yvon ?

GERALD - Il est passé tout à l'heure, il doit être à ta recherche.

15

ANNA - *(surprise)* Il savait que j'étais revenue ?

GERALD - Ben oui, c'est la concierge qui...

ANNA - Ah c'est vrai, j'ai rencontré madame Martin, je lui ai parlé... Elle ne traîne pas pour répandre les nouvelles.

ELEONORE - Tu parles, c'est une vraie pip'lette.

ANNA - Mais s'il est parti à ma recherche, c'est qu'il ne m'en veut pas !

GERALD - Bien sûr que non qu'il ne t'en veut pas... Tu aurais vu sa joie quand on lui a appris !

ANNA - Oh ! Eh bien je suis contente. J'ai été nulle, je n'aurais jamais dû lui poser un ultimatum. C'était facile de se douter qu'il n'abandonnerait jamais son travail.

GERALD - N'y pense plus, à ta place j'essayerais d'aller voir du côté du Champ de foire, il doit y être.

ANNA - Tu as raison, j'y vais. *(Elle sort.)*

MARIANNE - Ça fait plaisir d'savoir qu'ils vont s'retrouver.

ELEONORE - *(se penchant pour voir le journal du Père Jack, éclate de rire)* Ah ça alors !

MARIANNE - Qu'est-ce qui t'prend ?

ELEONORE - T'nez-vous bien, y'a l'Père Jack qui lit les annonces matrimoniales maintenant !

PERE JACK - *(changeant rapidement de page)* Mais tu es complètement folle, je suis dans les faits divers.

ELEONORE - Faits d'hiver... faits d'hiver... d'abord on n'est pas en hiver, ensuite j'suis pas folle... Non mais alors tout à l'heure j'étais nulle, j'perdais la boussole... maintenant j'suis folle ! C'est vraiment moi qui paie aujourd'hui.

MARIANNE - Non, c'est moi, comme d'habitude : tiens Gérald paie-toi ! *(Elle met deux pièces sur la table.)*

ELEONORE - Ben si c'est comme ça, je m'en vais. *(Se levant et se dirigeant vers la porte.)* Faits d'hiver... faits d'hiver... *(Puis vers le public)* N'empêche, moi j'sais c'que j'sais. *(Et elle sort.)*

GERALD - Et bien, elle est drôlement en pétard.

MARIANNE - C'est pas grave, ça lui passera, j'la connais ma sœur. *(La porte s'ouvre, Yvon entre en trombe.)*

YVON - Vous n'avez pas vu Anna ?

GERALD - Elle vient de sortir.

YVON - Zut ! *(Et il sort.)*

MARIANNE - Vous savez Père Jack, si vous faites les annonces matrimoniales, y'a pas de honte, j'sais qu'ça doit être dur de vivre toujours tout seul.

PERE JACK - Mais je ne fais pas les annonces matrimoniales... enfin... euh... oh puis zut, ça ne vous regarde pas. *(Il replie son journal, le laisse sur la table et prend son carnet.)* Tiens je préfère m'en aller.

GERALD - Oh Père Jack, j'y pense, soyez gentil, ça me rendrait service si vous passiez chez Germaine pour faire notre loto... C'est ce soir le tirage.

PERE JACK - Si tu veux.

MARIANNE - Ah non ! Pas lui... il n'a pas d'mémoire ! *(Puis montrant le carnet qu'il tient à la main.)* Tu vois bien, il faut qu'il note tout.

PERE JACK - Comme vous voulez, ça me fera une corvée de moins. *(Il s'apprête à sortir.)*

GERALD - *(le retenant)* Mais si Père Jack... *(Et ouvrant son tiroir caisse, en sort un billet)* Tenez... je paie pour tout le monde, je me ferai rembourser après. *(Puis à Marianne)* Ne t'inquiète pas Marianne, ce n'est pas la première fois que le Père Jack fait notre loto, il ne s'est jamais trompé.

PERE JACK - Oui, et je n'ai rien noté sur mon carnet parce que c'est facile à retenir... A part Louise qui a le numéro 1 - et c'est normal puisque c'est la meilleure...

MARIANNE - *(regardant Gérald)* La meilleure, tiens donc.

GERALD - C'est louche !

PERE JACK - *(semblant ignorer la remarque)* Les autres se terminent tous par 5. Claire, c'est le 5, Éléonore le 15, toi Marianne le 25, Yvon le 35 et toi Gérald le 45, donc facile à retenir. Alors... je me suis trompé ?

MARIANNE - Non... mais...

PERE JACK - *(l'interrompant)* J'y vais... avant de me fâcher. *(Et il sort.)*

MARIANNE - Ne m'demande pas pourquoi, mais j'ai un mauvais pressentiment.

GERALD - Tu t'inquiètes pour rien.

(La porte s'ouvre, Anna passe la tête.)

ANNA - Vous n'avez pas vu Yvon ?

GERALD - Si, il te cherche.

ANNA - Ah bon ! *(Et elle referme la porte.)*

MARIANNE - Au fait, Sonia n'passe pas aujourd'hui ?

GERALD - Si, elle ne devrait pas tarder. J'aimerais qu'elle me remplace le temps que j'aille faire ma partie de boules avec Ange.

(On entend la voix de Claire en coulisses.)

CLAIRE - Si, je te dis que c'était un loup !

(La porte s'ouvre, Louise entre la première suivie de Claire.)

LOUISE - Mais un loup c'est pas comme ça !

GERALD - Qu'est-ce qui vous arrive ? Vous n'avez pas l'air d'être d'accord.

LOUISE - Oh excusez-nous... bonjour quand même.

CLAIRE - Oui bonjour !

(Toutes deux font la bise à Gérald et à Marianne.)

MARIANNE - Bon moi j'vous laisse à vos discussions, je vais faire mon manger. *(Et elle sort.)*

GERALD - Alors qu'est-ce qui vous arrive ?

LOUISE - On vient de passer sur la place, la ménagerie est arrivée et on a vu une espèce d'hyène, Claire croit que c'est un loup.

CLAIRE - *(fermement)* Mais je ne crois pas, j'en suis sûre.

LOUISE - *(tout aussi fermement)* C'est pas un loup !

CLAIRE - *(entêtée)* Si... j'en ai déjà vu... alors.

GERALD - Alors... allez loup y a... et on n'en parle plus.

(Louise et Claire rient.)

LOUISE - Alléluia ! Bien vrai, t'en rates pas une !

CLAIRE - Ça c'est vrai ! *(Puis allant s'asseoir avec Louise)* Il fallait le trouver celui-là, mais il me donne raison, loup-y-a. Tiens, sers-nous un petit Julienas.

GERALD - *(les servant)* Vous n'avez pas vu Sonia ?

(La porte s'ouvre, Sonia entre.)

LOUISE - Tiens, la voilà.

SONIA - Bonjour ! *(Elle va faire la bise à Claire, à Louise puis à Gérald.)* Alors mon chéri, tu t'impatientais ?

GERALD - Bien oui, Ange doit m'attendre pour faire une partie de boules.

SONIA - Tu vas pouvoir y aller, je vais garder le bar.

CLAIRE - Parce que tu joues aux boules avec Ange le boulanger ?

GERALD - Oui, pourquoi ?

CLAIRE - Ça me surprend que tu puisses jouer avec un gars pareil !

LOUISE - Moi aussi, un grognon de la pire espèce, jamais un sourire...

CLAIRE - Jamais une plaisanterie.

LOUISE - Un vieil ours quoi !

GERALD - Oh mais qu'est-ce que vous avez aujourd'hui ! Pour dire ça, c'est que vous ne le connaissez pas : parce que quand il joue aux boules, Ange rit !

(Les femmes éclatent de rire.)

CLAIRE - Il est vraiment parti.

SONIA - Oui ! *(Puis à Gérald)* Allez, sauve-toi, Ange va t'attendre ! *(Elle lui fait une bise un peu prolongée avant qu'il ne sorte.)*

LOUISE - *(extasiée)* Ça me rappelle mon Jacou.

CLAIRE - Ton Jacou ?

LOUISE - Oui, je t'expli...

(La porte s'ouvre, Yvon fait son apparition.)

YVON - Vous n'avez pas vu Anna ?

CLAIRE - Anna ? Pourquoi elle est revenue ?

YVON - Oui, je la cherche.

LOUISE - Bien non, on ne l'a pas vue.

YVON - Bon je vais bien finir par la trouver. *(Et il sort.)*

CLAIRE - Comment il a su qu'elle était revenue ?

SONIA - Sans doute la pipelette.

LOUISE - C'est à peu près sûr. *(Puis s'adressant à Claire)* Au fait tu avais quelque chose à me dire.

CLAIRE - Oui... enfin... à vous toutes.

SONIA - A nous toutes ?

CLAIRE - Oui, à Marianne et à Eléonore aussi ; mais comme elles ne sont pas là, j'espère que vous leur ferez la commission : c'est un service que j'ai à vous demander.

LOUISE - Un service ? Je ne vois vraiment pas quel service nécessite de nous mobiliser toutes !

CLAIRE - Si, écoute Louise, tu n'en as pas marre de vivre seule ?

LOUISE - Si bien sûr mais je ne vois pas le rapport.

CLAIRE - Le rapport est que moi aussi j'en ai marre de vivre seule.

SONIA - Mais, qu'est-ce qu'on peut y faire ?

CLAIRE - M'aider ! *(Elle sort de son sac une enveloppe.)* Voilà, moi j'ai décidé de trouver quelqu'un... un homme, vous comprenez... un homme... *(Puis insistant)* j'ai besoin d'un homme.

SONIA - Ça va, ça va, on a compris.

CLAIRE - Bon alors j'ai écrit à une annonce.

SONIA - A une annonce ? Pas à une annonce matrimoniale quand même ?

CLAIRE - Si !

LOUISE - Mais tu es folle ! Si tu avais envie de trouver quelqu'un, tu es jeune, c'est pas comme moi, puis tu es belle, tu n'as pas besoin de faire les annonces.

SONIA - Louise a raison, tu n'as qu'à retourner au bal... les célibataires, c'est pas ça qui manque... mais les annonces ma parole, tu n'as pas réfléchi !

CLAIRE - Au contraire, j'ai très bien réfléchi. Au bal c'est surtout des jeunes qui ne pensent qu'à s'amuser, les quelques autres, c'est des aigris !

SONIA - N'importe quoi !

(La porte s'ouvre, Anna entre.)

ANNA - Vous n'avez pas vu Yvon ?

SONIA - Il te cherche.

ANNA - Mais c'est incroyable ! *(Et elle sort.)*

SONIA - Ils vont bien finir par se retrouver ces deux-là.

CLAIRE - Oui, où j'en étais moi ? Ah oui... les annonces... c'est ça. Les annonces, il n'y a que ça de vrai. Ceux qui y ont recours ont vraiment envie de fonder un foyer.

LOUISE - Oh tu sais, tu peux aussi mal tomber. *(Puis regardant l'enveloppe que Claire a à la main)* Tu as eu un contact ?

CLAIRE - Oui justement et c'est pourquoi j'ai besoin de vous.

SONIA - Mais qu'est-ce qu'on a à voir avec ça ?

LOUISE - Oui, ce n'est pas notre problème.

CLAIRE - Si, j'ai donné rendez-vous à un monsieur très bien ici même.

SONIA - Ici ! Mais tu es folle ma parole !

LOUISE - Et quand ? Demain ?

CLAIRE - Cet après-midi... Oh, ça devrait bien se passer parce que le gars a l'air bien. Mais on ne sait jamais, je veux être prudente... c'est pourquoi j'ai pensé que si vous étiez là, dans un coin, pour surveiller, il ne pourrait rien m'arriver.

SONIA - Tu avais raison Louise, elle est folle. *(Puis à Claire)* Tu te rends compte de ce que tu nous demande ?

LOUISE - *(se levant)* De tenir la chandelle.

(La porte s'ouvre, Yvon passe la tête.)

YVON - Vous n'avez pas vu Anna ?

SONIA - Elle sort à l'instant.

21

YVON - Décidément ! *(Et il sort.)*

LOUISE - Excuse-moi Claire mais je ne me sens pas capable de jouer les duègnes. Je regrette de ne pas te rendre ce service, mais ce rendez-vous ici, je ne vois pas ça bien, et je ne le sens pas du tout. Mais Marianne et Eléonore se feront certainement un plaisir de te rendre ce service... Bon... excuse-moi, midi approche et je n'ai rien préparé pour manger... à tout à l'heure. *(Et elle sort.)*

CLAIRE - Tant pis, je me passerai d'elle. Mais toi, je peux compter sur ton aide ?

SONIA - Bien sûr... quel âge il a ton gars ?

CLAIRE - 35 ans. *(Elle sort une photo de l'enveloppe et la lui montre.)*

SONIA - Waaa... canon ! *(Puis un temps)* Si c'est pas malheureux, un gars comme ça qui fait les annonces !

(La porte s'ouvre, Anna passe la tête.)

ANNA - Vous n'avez pas vu Yvon ?

SONIA - Il était là à l'instant.

ANNA - Il aurait pu m'attendre ! *(Et elle sort.)*

SONIA - *(à Claire)* A quelle heure qu'il est ton rendez-vous ?

CLAIRE - A 17 heures 30... Essaye d'être là un peu avant.

SONIA - Pas de problème.

CLAIRE - Je te remercie, je vais essayer de trouver Marianne et Eléonore pour leur dire ; si tu les vois avant moi, fais leur la commission.

(Elle sort et, tandis que Sonia donne un coup de torchon sur les tables en chantonnant, Gérald fait son entrée.)

SONIA - Alors, cette partie de boules s'est bien passée ? Tu as gagné ?

GERALD - On n'a pas joué, Ange était de mauvais poil.

SONIA - On t'avait bien dit que c'était un grognon.

GERALD - Il n'est pas comme ça d'habitude, c'est les bêtises de son apprenti qui le travaillent.

SONIA - Ça se comprend, quand un sot veut faire un saut... Oh mais au fait, il n'y a pas que le petit Michel d'Estaing qui fait des sottises, tu ne connais pas la dernière ?

GERALD - Non.

SONIA - Tiens-toi bien, Claire aussi en fait.

GERALD - Des sottises ? Claire ? C'est pas possible !

SONIA - Si, elle a fait les annonces matrimoniales.

GERALD - Elle aussi ! Mais c'est contagieux !

SONIA - Pourquoi elle aussi ?

GERALD - Il paraît que le Père Jack les fait également.

SONIA - Alors, c'est bien la preuve qu'ils en ont marre de vivre seuls.

GERALD - Oui, mais si ça peut se comprendre pour le Père Jack, pour Claire, à son âge, c'est complètement dingue.

SONIA - C'est ce qu'on lui a dit.

GERALD - *(un peu rêveur)* Elle est si belle ! C'est dommage !

SONIA - *(un peu inquiète)* Ah, tu la trouves belle ?

GERALD - *(sentant le vent venir)* Pas comme toi bien sûr... Mais pas mal... Euh... je veux dire qu'elle n'aurait pas eu de mal à trouver autrement.

SONIA - *(un peu rassurée)* C'est certain... mais où je pense qu'elle fait une sottise, c'est pour le rendez-vous qu'elle a donné au gars.

GERALD - Elle a donné rendez-vous à un gars ?

SONIA - Oui et en plus ici... cet après-midi.

GERALD - Ici et cet après-midi ! Mais ça ne va pas bien dans sa tête !

SONIA - Et elle veut qu'on soit tous là pour surveiller au cas où ça se passerait mal.

GERALD - Quand même... une lueur de lucidité... et son gars, c'est un vieux riche ?

SONIA - Non, il a 35 ans. J'ai vu sa photo... *(extasiée)* mais il est beau ! Tu ne peux pas t'i...

GERALD - *(l'interrompant)* Oh mais, ça ne va pas non ! Ma parole on croirait que tu... *(D'abord soupçonneux)* Dis-donc, t'aurais pas l'intention de le piquer à Claire, non ? *(Puis décidé)* parce que si c'est le cas, moi je la prends Claire... parce qu'elle est vraiment belle... mais Dieu ce qu'elle est belle !

SONIA - *(se précipitant vers lui avec un torchon)* Cochon !

GERALD - *(riant et lui prenant les poignets)* Allons, soyons un peu sérieux... Tiens, si on vérifiait la cagnotte du loto. *(Il prend la boîte à biscuits qui est posée sur un rayon et étale son contenu sur le comptoir.)*

SONIA - *(appuyant sur le mot)* VOTRE loto ! Moi, je n'en fais pas partie.

GERALD - Oui, mais tu sais bien que tu as la moitié de ma part... Voyons voir *(et il compte)* 960 francs... c'est pas grand chose, depuis le temps qu'on joue !

SONIA - Ça vous fait 160 francs chacun, il y en a assez pour vous payer un petit repas à la fin de l'année au restaurant de la Gare.

GERALD - *(remettant le tout dans la boîte qu'il laisse en bout de comptoir)* Oui, c'était prévu pour ça... mais si on veut finir au champagne, il en faudra un peu plus.

(La porte s'ouvre, Yvon entre.)

YVON - Vous n'avez pas vu Anna ?

LE RIDEAU TOMBE

Fin du premier acte

ACTE II

Lever de rideau

La scène est déserte. La cagnotte est toujours en bout de comptoir... Un bref instant et Gérald fait son entrée.

GERALD - Sacrée Claire, quand même, elle prend des risques... enfin on sera là si ça tourne mal. Je suis pressé de voir la tête qu'il aura ce gars-là... je suis pressé... *(Puis se tenant le ventre à deux mains)* Oh ! oui je suis pressé... vite... il faut que j'y aille... *(Et il se précipite aux toilettes... des coulisses on entend le Père Jack qui fredonne une vieille chanson de 1941.)*

PERE JACK - *(en coulisse)* Ah qu'il doit être doux et troublant, *(la porte s'ouvre, il entre et continue sa chanson)* l'instant du premier rendez-vous... *(Il s'arrête net.)* tiens il n'y a personne... *(Appelant)* ohé... diable, on pourrait cambrioler la maison *(Palpant les poches de son pantalon puis de sa veste, il sort son portefeuille.)* moi, je ne veux pas garder ce ticket de loto. *(Il appelle de nouveau.)* Il n'y a personne là-dedans ? le Gérald y se fait pas de bile... *(Il fouille dans son portefeuille et laisse tomber son ticket à terre.)* Zut ! j'ai bien raison d'être prudent, j'ai failli le perdre. *(Il se met péniblement à quatre pattes.)* Oh ! que la terre est basse... le voilà. *(Il se relève avec difficulté en s'agrippant à une table ; le ticket à la main il regarde autour de lui.)* Je ne vais quand même pas rester avec ça... *(Il avise la boîte à biscuits laissée sur le comptoir.)* Tiens il sera bien là-dedans *(il y range le ticket, sort d'une poche son carnet et cherche son stylo)* le tout c'est de s'en rappeler. Je vais le noter... mince j'ai oublié mon stylo... oh, puis c'est pas grave, je le noterai tout à l'heure.

(Et il sort en chantonnant ; un bref instant et la concierge entre.)

LA CONCIERGE - Il n'y a pas grand monde ici !

GERALD - *(sortant des toilettes)* Ah... c'est vous madame Martin qui appeliez ?

LA CONCIERGE - Moi ? non... j'ai appelé personne.

GERALD - Mais qui était là alors ? je suis sûr qu'on a appelé… *(Puis se précipitant vers le comptoir)* ma caisse... la cagnotte... *(Il vérifie le contenu du tiroir puis de la cagnotte et fait tomber le ticket de loto à terre sans s'en apercevoir... et replace la boîte sur un rayon.)* Ouf ! on ne m'a rien volé.

LA CONCIERGE - Je ne suis pas très futée mais toi tu me bats...

GERALD - Comment ça ?

LA CONCIERGE - Si tu réfléchissais un peu, tu crois qu'un voleur aurait appelé ?

GERALD - C'est juste, mais qui a appelé alors ?

LA CONCIERGE - Sans doute un habitué, t'inquiète pas, il reviendra bien. *(Ayant vu le ticket à terre elle le ramasse)* Tiens, tu as fait tomber ça.

GERALD - *(prenant le ticket et le mettant dans la corbeille à papiers)* Oh ! il n'y a pas besoin de conserver les vieux tickets.

(La porte s'ouvre et Anna entre toute essoufflée.)

ANNA - Vous n'avez pas vu Yvon ?

GERALD - Pas depuis ce matin, mais ma parole, tu as couru ! Repose-toi un peu. D'ailleurs si tu veux le voir ton Yvon, tu as intérêt à ne plus bouger d'ici.

LA CONCIERGE - Ça vous évitera de jouer à cache-cache tous les deux.

ANNA - Non, il faut que je file à la pharmacie. J'ai mon petit voisin de foire, vous savez le petit Louis ?... si... celui qui fait la barbe à papa...

LA CONCIERGE - Parce que ton père ne peut pas faire sa barbe tout seul ?

GERALD - *(riant)* Pas mal !

ANNA - C'est malin... Donc je disais, le Louis, il a attrapé un hoquet pas possible, c'est infernal, pas moyen de l'arrêter. C'est pour ça, si le pharmacien pouvait me donner quelque chose... vous comprenez...

LA CONCIERGE - Pas la peine d'aller à la pharmacie, tu n'as qu'à lui mettre une clé froide dans le dos, c'est efficace.

ANNA - Une clé froide !

GERALD - Oui... ou boire un verre d'eau avec un couteau dedans.

ANNA - *(ouvrant de grands yeux)* Un couteau ? Mais pourquoi un couteau ?

GERALD - Pour couper le hoquet pardi !

ANNA - Vous vous moquez, c'est pas chic, je préfère m'en aller. *(Elle fait mine de partir.)*

LA CONCIERGE - Mais non... on ne se moque pas. C'est des remèdes de vieilles bonnes femmes... ça marche quelquefois. Mais si tu n'y crois pas, tu n'as qu'à aller voir Madour.

ANNA - Madour ?

GERALD - Ah oui, je n'y pensais pas à celui-là. Madour et son cacatoès...

ANNA - Un perroquet ! Vous allez m'expliquer.

LA CONCIERGE - C'est pas compliqué. Le Madour, il a un superbe cacatoès... si tu vas le voir et que tu hoquettes devant lui, il se met à hoqueter aussi... ça te fait tellement rire que ton hoquet s'arrête aussitôt.

ANNA - C'est une blague ?

GERALD - Non... c'est vrai... tu vas voir Madour et tu perds hoquet.

(Madame Martin et Anna éclatent de rire.)

ANNA - Je vois que tu n'as pas changé tes habitudes... et où je peux le trouver le Madour ?

LA CONCIERGE - C'est simple, à la sortie du bourg à droite, il y a une série de pavillons. Tu reconnaîtras le sien facilement. Il a mis sur sa pelouse un gros cailloux debout... tu sais comme en Bretagne... ça finit en ir...

GERALD - Oui... c'est le roc à Madour.

LA CONCIERGE - Oh là là, ça continue... Mais au fait, s'il n'est pas là, tâche de voir sa femme Zouka, elle est gentille Zouka, elle te présentera à son perroquet.

GERALD - Si elle n'a pas quitté Madour !

LA CONCIERGE - Pourquoi elle l'aurait quitté Madour ?

27

GERALD - Parce que Madour bat Zouka.

(Les deux femmes s'effondrent de rire.)

ANNA - C'est pas vrai ! C'est de mieux en mieux !

LA CONCIERGE - Ne t'inquiète pas Anna, si c'était le cas, elle ne serait pas loin. Tu vas voir derrière la maison où elle met son camping-car. Elle s'y réfugie souvent avec son perroquet.

ANNA - Mais ça doit sentir mauvais un perroquet dans un camping-car !

GERALD - Oui, mais elle y tient... c'est son car à hoquet.

(Elles éclatent de rire.)

ANNA - C'en est trop, j'y vais. *(Elle sort.)*

LA CONCIERGE - Tu crois que ça va marcher ?

GERALD - Mais oui, il n'y a pas de raison.

LA CONCIERGE - Il faudrait, autrement on aurait bonne mine... Oh ! mon boulot, il ne va pas se faire tout seul mon boulot. *(Elle sort.)*

GERALD - *(grimaçant et se tenant le ventre)* Ça remet ça. Si ça continue, c'est moi qui vais aller chez le pharmacien. Et Sonia qui ne revient que pour le rendez-vous de Claire...

(Marianne et Eléonore font leur entrée.)

MARIANNE - Mais c'est une histoire de fous ! C'est vrai ce qu'on vient d'apprendre pour Claire, elle a un rendez-vous ici ?

GERALD - Oui, et elle aura besoin de vous. *(Puis se tenant le ventre)* Ça me reprend.

ELEONORE - Qu'est ce qui t'arrive ?

GERALD - Je ne sais pas, mais j'ai la... enfin je dois aller chez le pharmacien. C'est bien que tu sois là Marianne, tu vas pouvoir me remplacer en attendant Sonia.

MARIANNE - Oui bien sûr... mais tu devrais plutôt aller chez le docteur.

GERALD - Mais non... A tout à l'heure. *(Et il sort.)*

ELEONORE - Ça, c'est la charcut'rie... j'en suis sûre... moi, la charcut'rie...

MARIANNE - *(l'interrompant)* T'en manges plus... je sais... mais c'est parce que t'es trop grosse.

ELEONORE - Trop grosse !... Moi... *(Elle se regarde.)* N'importe quoi, je passerais derrière une affiche sans la décoller ! J'en ai marre, tu me critiques toujours. Tiens, ce matin, tu as ris quand j'ai dit que vous faisiez des cabans lourds... Ça peut être lourds des cabans.

MARIANNE - Oui, j'ai ri... parce que c'est pas des cabans lourds.

ELEONORE - *(réfléchissant)* Dis-donc... Est-ce que Chaban Delmas est gros ?

MARIANNE - Chaban Delmas ? En voilà une question ! Non, il est plutôt mince.

ELEONORE - Zut alors... c'est dommage... parce que j'avais pensé que ç'aurait pu être des chabanslourds !

MARIANNE - *(riant de bon cœur)* Grosse bête, va... J't'ai précisé qu'c'était *(elle détache)* des ca-lem-bours.

ELEONORE - Mais calan, ça veut rien dire. Tandis que cabans...

(La porte s'ouvre, Yvon entre.)

YVON - Vous n'avez pas vu Anna ?

ELEONORE - Non.

YVON - J'en ai marre... Gérald non plus n'est pas là ?

MARIANNE - Il a la... enfin non, il n'est pas là, tu vois c'est moi qui le remplace.

YVON - Bon... et bien sers-moi un petit rhum.

(Marianne le sert puis remplit deux verres de Julienas.)

MARIANNE - Nous, on n'change pas !

(Eléonore prend son verre et va s'installer à une table.)

YVON - J'ai appris pour Claire. Qui aurait pensé qu'elle en serait arrivée là, si jeune, elle n'avait pas besoin de ça. Sans compter qu'elle prend des risques...

ELEONORE - Limités... limités, parce que nous, on va être là *(Puis se levant et montrant ses biceps à la manière d'un homme)* et moi...

YVON - *(s'exclamant)* Parce que vous allez être là ! Mais ça ne se fait pas. Vous devez la laisser tranquille. Vous n'allez quand même pas tenir la chandelle...

ELEONORE - Mais on se fera toutes petites... puis...

MARIANNE - *(l'interrompant)* C'est Claire qui le veut. Sonia nous l'a dit : elle veut qu'on soit là au cas où ça se passerait mal.

YVON - Mais dans quel monde on vit ! Si le Caméléon savait ça...

ELEONORE - Qu'est-ce que le Caméléon a à voir dans cette histoire ?

YVON - Mais parce qu'il est amoureux de Claire.

MARIANNE - Ça, c'est la nouvelle du jour... Mais il n'a aucune chance le Léon, toujours les mains dans l'cambouis... Claire, elle, c'est pas son genre.

ELEONORE - Au fait le Léon, pourquoi l'appelez-vous toujours le Caméléon ?

YVON - Oh, c'est une vieille histoire... quand il était plus jeune, il se droguait, alors Gérald l'avait surnommé le camé Léon.

MARIANNE - C'était malin... maint'nant ça lui est resté. C'est peut-être pour ça qu'il ne trouve personne et qu'il est toujours tout seul.

YVON - Non, c'est parce que la came isole.

MARIANNE - *(riant)* Oh ! Arrête !

ELEONORE - J'vois pas c'qu'une camisole vient faire là-d'dans.

YVON - Je plaisantais... le Léon il ne se drogue plus depuis longtemps. Quant à son surnom, il s'en fiche complètement. Les gens ne le repoussent pas... au contraire. Ils ont même besoin de lui, c'est un très bon mécanicien. Tiens, ça me fait penser qu'il faut que j'aille le voir. *(S'apprêtant à sortir)* Si vous voyez Anna, dites-lui de ne plus bouger d'ici, j'en ai marre de courir. *(Et il sort.)*

ELEONORE - Je pense à Claire, elle n'devrait pas tarder. Dis-donc, et si c'était un gigolo le gars avec qui elle a rendez-vous... c'est vrai y parait...

MARIANNE - Mais tu dis n'importe quoi, Claire, elle...

(La porte s'ouvre, Claire entre son petit sac à la main.)

CLAIRE - Vous parliez de moi ?

ELEONORE - Oui, Sonia nous a dit pour ton rendez-vous... on a d'abord cru qu'elle plaisantait.

30

MARIANNE - Avoue quand même que c'est débile ton histoire.

CLAIRE - Oh ! Mais vous m'énervez à la fin... qu'est-ce que vous avez toutes... je suis folle, ce que je fais est débile, oh là là... moi je sais ce que je fais... là ! J'en ai marre de vivre toute seule, c'est tout. J'ai lu les annonces matrimoniales et...

MARIANNE - Mais justement, tu n'avais pas besoin d'ça. Si tu veux un homme, comme t'es foutue, ça ne doit pas être difficile.

CLAIRE - C'est ça... je n'ai qu'à claquer *(elle claque les doigts)* dans les doigts et hop ! Moi je ne rêve pas. Dans les annonces, on trouve vraiment des gens qui veulent fonder un foyer. D'ailleurs, je crois que j'en ai trouvé un... puis un beau en plus... c'est pour ça que je lui ai donné rendez-vous. *(Elle sort l'enveloppe de son sac, en sort la photo et la tend à Marianne.)* Regarde comme il est chou...

MARIANNE - Craquos ! *(Emerveillée)* Qu'est-ce qu'il est beau !

CLAIRE - *(lui reprenant rapidement la photo)* Eh, ne t'emballe pas, il est pour moi.

ELEONORE - Montre-le-moi.

CLAIRE - Fais-y attention... il est jeune, hein ? Trente-cinq ans qu'il a.

ELEONORE - *(après l'avoir regardé en faisant la moue)* Oui, bien moi j'trouve ça louche.

CLAIRE - Et pourquoi ?

ELEONORE - Un jeune et beau comme ça n'fait pas les p'tites annonces... ou alors...

CLAIRE - Ou alors ?

ELEONORE - Ou alors c'est un gigolo.

CLAIRE - Oh !

MARIANNE - *(à Eléonore)* Tu n'changeras pas...

ELEONORE - J'peux voir sa lettre ? *(Claire lui donne la lettre.)* Voyons voir... *(Puis avant de lire)* Tu sais qu'c'est dangereux tout ça... t'as pas entendu parler de Landru ?

CLAIRE - Oh ! ne sois pas idiote...

ELEONORE - *(commençant à lire en marmonnant)* C'est curieux qu'il dit qu'il connaît bien ce café, on n'la jamais vu c'gars-là ici... Hein Marianne ?

MARIANNE - Il peut l'connaître sans être client.

ELEONORE - D'accord... mais pourquoi qu'il dit qu'il port'ra un chapeau tyrolien ?

CLAIRE - Un chapeau tyrolien... mais pour que je le reconnaisse quand il entrera pardi...

ELEONORE - Mais puisqu'il t'a mis une photo tu le reconnaîtras de toute façon !

MARIANNE - Ça c'est vrai... ben Eléonore tu me surprends. Voilà que tu raisonnes comme un détective maintenant. *(Puis un temps)* C'est quand même bizarre cette histoire de chapeau...

CLAIRE - Bizarre... bizarre... mais non c'est pas bizarre du tout. Moi je lui ai dit que je porterais un chapeau à fleurs, alors lui en réponse il me dit qu'il portera un chapeau tyrolien... et un bouquet de fleurs... c'est logique... non ?

MARIANNE - Oui... c'est vrai.

ELEONORE - Soit, mais pourquoi il a dit : "j'ai 35 ans... là."

CLAIRE - Oh tu m'embêtes à la fin, à toujours chercher la petite bête... je ne sais pas moi pourquoi il a marqué "là"... sans doute comme quelqu'un qui se lance... bien oui, il appréhendait sans doute de révéler son âge pensant que je le trouverais trop jeune... alors il a dit "j'ai 35 ans là !" *(Puis essayant de se convaincre)* c'est ça que je dis... il se lance.

MARIANNE - Ça c'est moins convaincant.

CLAIRE - *(remettant lettre et photo dans son sac)* Vous n'êtes pas marrantes, vous refroidiriez un régiment d'infanterie... bon, ce que je veux savoir c'est si je peux compter sur vous pour vous mettre dans un coin et surveiller si tout ce passe bien.

MARIANNE - Bien sûr *(regardant sa montre)* c'est à 17 heures 30 je crois ?

CLAIRE - Oui mais soyez là avant !

ELEONORE - Tu peux compter sur nous, et si un sadique...

CLAIRE et **MARIANNE** - *(ensemble)* Oh !

(La porte s'ouvre, Louise entre.)

LOUISE - C'est la conférence au sommet ?

CLAIRE - Oui, Marianne et Eléonore seront là tout à l'heure, c'est pas comme toi !

LOUISE - Oui, je t'ai dit ce que j'en pensais.

CLAIRE - N'en parlons plus... dis donc Louise, qu'est-ce que c'est que cette histoire de Jacou ?

LOUISE - Jacou ?

CLAIRE - Oui, ce matin tu as dit "ça me rappelle mon Jacou".

LOUISE - Ah j'ai dit ça... moi !

CLAIRE - Oui tu as dit ça, c'est un de tes anciens ?

ELEONORE - Oh ! mais ça m'intéresse et…

MARIANNE - Et toi tais-toi, laisse parler Louise.

LOUISE - C'est une vieille histoire... c'était du temps où je me faisais appeler Antonia.

CLAIRE - Antonia ? quelle idée ! pourquoi tu avais honte de ton prénom ? Louise c'est pourtant bien.

LOUISE - Pas pour moi. A l'époque je trouvais ça vieux. Petite fille j'avais lu un livre dont l'héroïne se prénommait Antonia... j'avais aimé. J'ai eu l'idée de me faire appeler ainsi... et ça a marché, tous mes amis se sont pris au jeu. En peu de temps tout le monde m'a appelée Antonia... sauf mes parents qui eux ne décoléraient pas.

ELEONORE - On s'en doute, mais je ne vois pas le rapport avec Jacou.

LOUISE - Jacou, je l'ai connu justement à cette période là. Je ne lui ai jamais dit que je m'appelais Louise. Ah ce Jacou ! Je ne sais pas pourquoi mais depuis quelque temps je n'arrête pas de penser à lui.

MARIANNE - Après autant d'années t'y penses encore !

CLAIRE - Oh là là, ça devait être le grand amour alors.

LOUISE - Tu parles !

ELEONORE - Raconte, ça m'intéresse !

LOUISE - Tout a commencé par un véritable coup de foudre. Il était beau, vous ne pouvez pas vous imaginer comme il était beau ! En plus, et c'est ce qui me plaisait le mieux chez lui : il était marrant. Un sacré boute-en-train. Il adorait

33

faire le gamin ce qui énervait ses amis et c'est ce qui l'amusait... lui...

CLAIRE - C'était un original.

LOUISE - Pour être original il l'était... Tenez... une chose que je me rappelle... *(Elle se met à rire.)* Il portait deux paires de chaussettes...

(Tous rient.)

MARIANNE - Deux paires de chaussettes ! mais il était pas bien...

LOUISE - Si... mais il avait les pieds larges. Il devait prendre des chaussures une pointure au-dessus. Seulement elles lui sortaient des pieds. Il avait bien essayé des semelles mais c'était trop fort, alors avec les deux paires de chaussettes il avait trouvé la solution.

ELEONORE - C'était un petit marrant.

CLAIRE - Et cette aventure a duré longtemps ?

LOUISE - Non, parce qu'un jour il m'a appris qu'il était marié et qu'il était en instance de divorce... vous parlez d'un choc ! J'ai cru que tout s'écroulait autour de moi.

MARIANNE - Mais puisqu'il divorçait et que vous vous aimiez, ce n'était pas si grave que ça !

LOUISE - Si... avec mes parents il n'était pas question que j'épouse un homme divorcé... vous comprenez... à cause de l'église...

ELEONORE - C'était idiot.

LOUISE - Peut-être... ça serait à refaire... mais on ne peut revenir en arrière.

CLAIRE - Je suis sûre que c'est à partir de ce moment-là que tu t'es fait appeler de nouveau Louise.

LOUISE - Tu as tout compris... je voulais qu'il soit le dernier à m'avoir appelée Antonia... mais je ne l'ai jamais oublié, même du temps ou j'ai été mariée. J'ai même conservé toutes ses lettres !... oh ses lettres, vous ne pouvez pas savoir... de vrais chefs-d'œuvre !

CLAIRE - Eh ben dis-donc... en parler comme ça après avoir été mariée à un autre ! ma parole, tu es encore amoureuse !

LOUISE - Je crois bien que oui. Tenez... j'ai toujours sa chanson - NOTRE chanson - qui me revient sans arrêt dans la tête.

ELEONORE - Votre chanson ? quelle chanson ?

LOUISE - C'est une vieille chanson de Danielle Darrieux. *(Elle s'apprête à fredonner les premières paroles quand Sonia fait son entrée.)*

SONIA - Tu es encore là Claire ! Tu ne seras jamais prête.

CLAIRE - *(regardant sa montre)* Oh oui ! Il faut que j'y aille, à tout de suite. *(Et elle sort.)*

LOUISE - Je ne vais pas tarder à y aller moi aussi parce que je ne veux pas voir ça.

SONIA - Comment se fait-il que Gérald ne soit pas là ?

ELEONORE - Il avait la courante.

SONIA - La quoi ?

MARIANNE - La tourista. Il d'vait aller chez l'pharmacien... ça m'étonne d'ailleurs qui n'soit pas encore rev'nu.

SONIA - Mais la tourista ça ne s'attrape que dans les pays chauds !

ELEONORE - Moi j'dis que c'est à cause d'la charcuterie... il a dû...

MARIANNE - *(l'interrompant)* Ça y est... la v'là r'partie avec sa charcuterie... viens donc grosse bête, on va aller s'donner un coup d'peigne, l'heure du rendez-vous approche.

ELEONORE - Bon... bon... on y va, oh là là !

(Elles sortent toutes les trois.)

SONIA - *(restée seule)* Pourvu que ça ne soit pas trop grave son histoire... la tourista... on n'est pas en Afrique ici ! Il aura sans doute mangé quelque chose qui n'était pas frais.

(Gérald entre.)

Te voilà mon chéri, ça va bien ? on vient de me dire…

GERALD - Oui, ça va mieux maintenant, mais tout à l'heure j'te dis pas. Le pharmacien m'a donné des pilules et je suis allé m'allonger un peu. Maintenant ça va. *(Il lui fait la bise.)* Et toi ?

SONIA - Oui, mais je t'avoue que ça ira encore mieux quand l'histoire à Claire sera terminée.

GERALD - Mais tout va bien se passer, ne t'inquiète pas.

(La concierge fait son entrée.)

LA CONCIERGE - Je ne vois pas Claire...

GERALD - Faut mettre vos lunettes madame Martin !

LA CONCIERGE - Moi ? J'en n'ai pas besoin, je vous parle de Claire...

SONIA - Vous voyez pas qu'il vous fait marcher... Claire n'est pas là, elle est allée se préparer.

LA CONCIERGE - Elle a intérêt à se grouiller, il ne faudrait pas que le gars arrive avant elle, tiens sers-moi mon petit rhum Gérald.

GERALD - *(la servant)* Ne vous inquiétez pas, elle ne doit pas tenir en place. Elle ne devrait pas tarder.

LA CONCIERGE - Au fait, vous ne connaissez pas la nouvelle ?

GERALD - Non, mais j'ai l'impression qu'on va la connaître.

LA CONCIERGE - Le petit Menterre vient de changer de nom.

SONIA - Comment changer de nom ? Mais on ne peut pas changer de nom comme ça !

LA CONCIERGE - Sans doute que si. C'est même certain puisque je l'ai lu dans les "Potins du bourg". C'est donc officiel.

GERALD - Je sais qu'il n'aimait pas son nom. Il disait que ça faisait enterrement... que ça sentait la mort quoi...

SONIA - Brrr... maintenant que tu le dis...

GERALD - Comment se fait-il appeler alors ?

LA CONCIERGE - Membert... c'est ça... Monsieur Membert... tu parles, c'est pas vraiment génial, quitte à changer moi...

SONIA - Je n'avais jamais vu ça... c'est un cas rare.

GERALD - Oui, c'est le cas Membert.

(Les deux femmes s'esclaffent.)

LA CONCIERGE - Un camembert ! décidément tu es increvable.

(La porte s'ouvre, Claire entre revêtue d'une robe à fleurs d'une autre époque et coif-fée d'un chapeau extravaguant également à fleurs.
Tous la regardent médusés, la bouche grande ouverte, incapables de dire un mot. Claire

36

se met à virevolter autour de la scène.)

CLAIRE - *(réalisant le silence)* Eh bien ! c'est tout l'effet que ça vous fait... vous ne me trouvez pas bien ?

SONIA - Si... si... tu n'es pas mal... mais tu comprends, la surprise...

GERALD - Oui, pour une surprise...

LA CONCIERGE - *(pliée en deux, prise d'un fou rire et se remettant difficilement)* Oh ! mais c'est le chapeau...

CLAIRE - *(vexée)* Quoi... qu'est-ce qu'il a mon chapeau ? Il ne vous plaît pas mon chapeau ? Moi qui l'ai payé si cher !

SONIA - Tu crois vraiment que les fleurs étaient nécessaires ?

CLAIRE - Bien oui, puisque je lui ai écrit sur ma lettre... pour qu'il me reconnaisse... sans ça... *(riant)* il se serait peut-être dirigé vers Eléonore ! Je ne pouvais pas prendre de risques.

TOUS ENSEMBLE - Vers Eléonore ! *(Ils se mettent tous à rire tandis que Marianne et Eléonore font leur entrée.)*

MARIANNE et **ELEONORE** - *(voyant Claire dans cet accoutrement elles s'arrêtent net puis elles se mettent à tourner autour d'elle)* Ouille... ouille... ouille... *(Et elles éclatent de rire à leur tour.)*

CLAIRE - *(presque fâchée)* Ah ! vous n'allez pas vous y mettre vous aussi...

SONIA - Oui ça suffit... je crois qu'il serait temps que vous vous installiez.

LA CONCIERGE - Bon, moi je me sauve, vous me raconterez... *(Et elle sort.)*

GERALD - Claire... tu te mets à la table ici avec Marianne et Eléonore. Ça te permettra de l'observer ; si il ne te plaît pas tu ne bougeras pas.

ELEONORE - La sagesse a parlé.

MARIANNE - Ben dis donc... tu fais des progrès ! *(Puis un temps)* Un chapeau tyrolien... c'est d'un chic... moi j'aime ça... puis beau comme il est !

GERALD - Oui, mais il n'est pas pour toi...

(Marianne hausse les épaules. La porte s'ouvre et... c'est le Père Jack qui entre coiffé d'un chapeau tyrolien et portant un bouquet de fleurs. Raide, la tête haute, il passe devant les femmes sans les voir, passe devant le comptoir sans un regard vers Gérald et Sonia médusés, et va s'installer à la table opposée à l'entrée. C'est comme si la fou-

dre était tombée. Gérald et Sonia lèvent les bras et se cachent derrière le bar laissant juste apparaître leurs yeux. Les femmes regardent ahuries, la bouche grande ouverte.)

MARIANNE - *(la première)* Il ne manquait plus que ça !

(Claire réalisant la situation retire vite fait son chapeau et le met sur la tête d'Eléonore qui s'empresse de le mettre sur la tête de Marianne qui le repasse à Claire lui enfonçant de travers et lui cachant les yeux et le nez avant de lui reprendre pour s'en coiffer elle-même et, énergique, se lève et se dirige vers le Père Jack.)

(d'un ton ferme) Alors monsieur, nous avons rendez-vous ?

(Sonia et Gérald se redressent lentement.)

PERE JACK - Toi ! Marianne... *(Puis bredouillant)* mais... mais... qu'est-ce que ça veut dire ? C'est une plaisanterie ?

MARIANNE - Ah oui ! Une plaisant'rie... une plaisant'rie d'mauvais goût... oui. Il va falloir que vous vous expliquiez.

CLAIRE - *(prenant son courage à deux mains, se lève, va prendre le chapeau à Marianne et le plantant sur sa tête)* Oui, je veux des explications, car ce n'est pas Marianne qui vous a écrit mais c'est moi.

PERE JACK - Mais... mais, je ne comprends pas, j'ai pris rendez-vous avec *(il sort une lettre de sa poche, puis lisant)* une petite chatte sensuelle *(puis reprenant de l'assurance)* sensuelle, ça m'étonnerait ! *(Et il hoche la tête.)*

MARIANNE - *(à Claire)* Une petite chatte sensuelle, t'as dit ça... toi ?

(Sonia et Gérald, voyant la tournure que prennent les événements, semblent rassurés et commencent même à s'amuser.)

CLAIRE - *(embarrassée)* Euh... non... non... mais il dit n'importe quoi *(puis, comme la meilleure défense, c'est l'attaque)* la preuve, il a dit qu'il avait trente-cinq ans... et la photo ? Hein... la photo... elle était de qui la photo ?

PERE JACK - De moi ! La photo est de moi... quand j'avais trente-cinq ans. Je n'en avais pas d'autre sous la main. Mais j'ai eu la franchise de l'écrire.

CLAIRE - Comment de l'écrire ?

PERE JACK - Parfaitement... Avant d'accuser il faut apprendre à lire.

CLAIRE - *(vexée)* Mais dites tout de suite que je ne sais pas lire.

PERE JACK - *(énergique)* Oui... parce que même si je n'ai pas de mémoire, je me souviens de ce que j'ai écrit, moi. J'ai écrit : J'ai trente-cinq ans... là... là c'est sur la photo !

ELEONORE - *(se levant d'un bond)* Ah la voilà l'explication du là... J'ai trente-cinq ans là. *(Puis à Claire)* Il se lançait tu disais... et moi je cherchais la p'tite bête ! *(Puis se dressant, fière)* J'a-vais rai-son... na !

CLAIRE - *(au bord des larmes)* C'est pas juste, il n'y a qu'à moi qu'il arrive des choses comme ça !

ELEONORE - On t'avait prévenue que c'était...

CLAIRE - *(l'interrompant)* Oh toi...

(Vexée, elle sort en courant pendant que le Père Jack semble se trouver mal.)

GERALD - *(se précipitant vers lui)* Oh Père Jack, ça ne va pas ?

PERE JACK - Si... si... ça va aller, sers-moi un petit rhum. Mais je crois bien que j'en ai pris un coup.

(Gérald le sert et Sonia va s'asseoir près de lui.)

SONIA - C'est pas bien grave tout ça, vous êtes un peu déçu c'est normal.

ELEONORE - On n'a pas idée non plus d'faire les ann... oh mais, souv'-nez-vous... je vous l'avais dit qu'il lisait les annonces matrimoniales... les faits d'hiver qu'il disait... alors qu'on n'était pas en hiver !

MARIANNE - Mais non, il n'avait pas besoin d'les faire puisqu'il avait d'jà trouvé.

ELEONORE - Tu parles ! il s'doutait qu'ça n'march'rait pas... alors il cherchait une autre victime.

GERALD - Ah non Eléonore, tu ne vas pas être méchante ! Où je suis d'accord c'est que les petites annonces ne sont pas l'idéal pour rencontrer quelqu'un.

SONIA - D'autant plus que le Père Jack n'avait pas besoin de ça. Il n'avait qu'à ouvrir les yeux.

PERE JACK - Qu'est-ce que tu racontes ?

MARIANNE et **ELEONORE** - *(ensemble)* Oui, qu'est-ce que tu veux dire ?

GERALD - *(regardant Sonia)* Oh moi je vois. C'est vrai Père Jack, il y a quelqu'un qui ne demanderait que ça. *(Puis regardant Marianne et Eléonore)* Vous ne voyez pas ?

MARIANNE - *(se croyant visée)* Ah non ! Pas moi toujours.

39

ELEONORE - Encore moins moi... non mais... ce vieux...

SONIA - *(riant)* Mais non, pas vous, grosses bêtes... Louise... Vous n'avez pas vu comme elle regarde parfois le Père Jack ?

MARIANNE et **ELEONORE** - *(ensemble)* Louise ?

PERE JACK - Là, je crois que vous divaguez. Il est vrai que Louise je l'apprécie, elle est bien Louise... et puis elle me rappelle quelqu'un. Mais elle se fiche pas mal de moi.

GERALD - Pas si sûr...

(Il est interrompu par l'arrivée en trombe de Yvon, visiblement excité.)

YVON - Vous n'avez pas vu Anna ?

TOUS ENSEMBLE - Noooon !

YVON - Eh bien tant pis pour elle ! *(Puis sautillant de joie)* Oh que je suis content !

SONIA - Content ! Qu'Anna ne soit pas là ?

YVON - *(devant tout le monde éberlué)* Non bien sûr... Mais je suis quand même heureux... il faut que je vous embrasse tous... *(Il embrasse d'abord les femmes.)* Puis toi aussi Gérald, vous aussi Père Jack.

PERE JACK - Oh là, mais qu'est-ce qui t'arrive ?

YVON - *(se mettant à parcourir la scène)* On a gagné... on a gagné... on a gagné...

ELEONORE - Il est d'venu fou !

GERALD - Mais tu as gagné quoi ?

YVON - J'ai pas gagné... "ON" a gagné... oui, on a gagné au loto - Louise, Eléonore, Marianne, Claire, toi Gérald et moi aussi bien sûr.

MARIANNE - Tu veux dire que...

GERALD - C'est pas bien Yvon de nous donner des émotions comme ça... où as-tu été pêcher ça ?

YVON - Mais à l'instant, à la radio, c'était le premier tirage.

GERALD - Déjà... Ça alors... Mais pour faire de pareils bons, il faut au moins 5 numéros.

YVON - Mais vous n'avez pas compris... 5 numéros je n'en parlerais même pas. On a les 6 numéros, je les connais par cœur.

(Tous s'approchent d'Yvon sauf le Père Jack qui fouille dans ses poches et dans son portefeuille avant de s'éclipser sans être remarqué.)

YVON - *(continuant)* Il y a le 1, ça c'est Louise, le 5 Claire, le 15 Eléonore...

ELEONORE - Mon 15 est là ! *(Et elle s'affale sur une chaise.)*

YVON - Le 25 c'est toi Marianne, le 35 c'est moi, et le 45 toi Gérald. Ça fait bien 6.

MARIANNE - Ça alors, j'y crois pas...

GERALD - Mais... on est millionnaire !

SONIA - Oh ! pas si vite... il faudrait d'abord connaître le rapport... c'est que vous êtes à 6 dessus...

ELEONORE - *(se levant d'un bond)* Assise dessus ! Mais j'suis assise sur rien du tout ! Mais au fait, qui c'est qui l'a l'ticket ? J'voudrais bien l'voir moi l'ticket... J'suis comme saint Thomas... j'crois c'que j'vois.

MARIANNE - Mais c'est vrai ça, qui c'est qui l'a l'ticket ? Gérald, tu l'avais donné à faire au père Jack, si tu nous l'montrais...

GERALD - Le ticket... *(Il se tâte, tapote ses poches, puis va vers la caisse et la fouille.)* Je crois bien que le Père Jack ne me l'a pas encore rendu.

(Tous se tournent vers la table où était le Père Jack.)

SONIA - Tiens, il n'est plus là... on l'a peut-être indisposé avec nos cris...

MARIANNE - Ça c'est bizarre, personne ne l'a vu partir... d'ici qu'il ait oublié d'le faire... *(Puis vers le public)* J'l'avais bien dit qu'j'avais un mauvais pressentiment.

GERALD - *(s'affalant sur une chaise)* Oh non... pas ça !

ELEONORE - Bien moi j'vous dis qu'il a voulu profiter du ticket tout seul... oui c'est ça... Il l'a piqué... *(Puis se précipitant vers la sortie)* Au voleur... au voleur...

LE RIDEAU TOMBE

Fin du deuxième acte

ACTE III

Lever de rideau

Gérald et le Père Jack parcourent la scène à quatre pattes regardant partout jusqu'en dessous des tables.

GERALD - Mais enfin Père Jack, c'est pas possible... si vous l'aviez laissé tomber ce ticket, on le retrouverait !

PERE JACK - *(se relevant péniblement, il se dirige vers la porte)* Voyons voir... je suis sûr que je suis venu ici pour te remettre le ticket.

GERALD - Et moi je suis sûr que non, vous ne m'avez rien remis.

PERE JACK - *(se remémorant)* Attends... quand je suis entré... oui c'est ça... quand je suis entré il n'y avait personne.

GERALD - Personne... mais il y a toujours quelqu'un ici !

PERE JACK - Non, pas hier à 14 heures. Je me souviens très bien. J'ai même appelé.

GERALD - Vous avez ap... Ah c'est vous ! Il me semblait bien que je n'avais pas rêvé... mais alors, qu'est-ce que vous avez fait ?

PERE JACK - Je me suis dis : il ne faut pas que je reste avec ce ticket là. Alors j'ai sorti mon portefeuille... le ticket est tombé... oui... le ticket est tombé... *(Il s'arrête et semble réfléchir.)*

GERALD - Et après ?

PERE JACK - *(soudain désinvolte)* Et après... et après... bien je ne me rappelle plus.

GERALD - Comment vous ne vous rappelez plus... mais c'est insensé...

PERE JACK - *(pas l'air chagriné pour autant)* Non... je ne me rappelle plus.

GERALD - *(vers le public)* Ma parole ! Il ne se rend pas compte de la situation. *(Puis à nouveau au Père Jack)* C'est plusieurs millions Père Jack qui risquent de nous passer sous le nez si on ne le retrouve pas ce ticket... mais au fait, vous qui marquez tout, vous n'auriez pas noté sur votre carnet par hasard ?

PERE JACK - *(sortant son carnet)* Voyons voir... Je ne vois rien... ah si... Rendez-vous avec une petite chatte sensuelle...

GERALD - Ah ! non, ça suffit comme ça !

PERE JACK - Alors j'ai rien noté d'autre.

GERALD - C'est une catastrophe... qu'est-ce que je vais dire aux autres moi ? Et je suis aussi responsable que vous. Je n'aurais jamais dû vous faire confiance. Marianne me l'avait bien dit. Oh là là... adieu veaux, vaches, cochons, couvées...

PERE JACK - Tu voulais acheter des cochons ?

GERALD - Non bien sûr... c'est une expression de Pérette.

PERE JACK - Pérette ? Qui c'est celle-là ?

GERALD - Qu'importe, pour moi ça signifie que je ne pourrai pas m'acheter le restaurant de la gare.

PERE JACK - Mais ne te casse donc pas la tête, rien n'est encore perdu, comme je me connais ça finira bien par me revenir... Je vais aller faire ma mérienne, qui sait... je vais peut-être rêver... *(Il sort.)*

GERALD - *(resté seul)* Et en plus il n'a pas l'air de s'en faire. *(Il se sert un verre de Julienas.)* Ça va me remonter, j'en ai besoin.

(La porte s'ouvre. Eléonore entre en trombe un journal à la main et se met à regarder de tous côtés.)

ELEONORE - Où c'qu'il est ? J'suis sûre qu'il est là, madame Martin l'a vu entrer.

GERALD - Qui ça ?

ELEONORE - Bien l'Père Jack pardi ! *(Puis se dirigeant vers les toilettes)* Il est aux toilettes...

GERALD - Non, il vient de partir, mais qu'est-ce que tu lui veux encore ?

ELEONORE - Qu'est-ce que j'lui veux... qu'est-ce que j'lui veux ! Mais t'en as d'bonnes toi ! J'vais lui faire sa fête, oui...

GERALD - Sa fête, c'est ça... puis tu vas te retrouver en prison, c'est ce que tu veux ?

ELEONORE - En prison ! Il n'manquerait plus qu'ça... c'est lui qui va s'retrouver en prison, oui j'te l'garantis, j'vais pas lui faire de cadeaux, non mais... t'as vu l'journal ? *(Elle lui tend le journal.)* Tiens regarde... 3 millions 660 mille francs... tu t'rends compte !

GERALD - *(lisant)* Plus de 3 millions et demi pour 6 numéros, c'est pas possible !

ELEONORE - Si, ça fait 366 millions anciens... 56 millions chacun !

GERALD - Oh ! C'est à peu près ce qu'ils demandent pour le restaurant de la gare. *(Et il s'affale sur une chaise. La porte s'ouvre et Anna entre.)*

ANNA - Vous n'avez pas vu Yvon ?

ELEONORE - Ah non, c'est pas l'moment.

ANNA - Mais qu'est-ce qui se passe ici ? Pour l'accueil merci !

GERALD - Excuse-nous Anna, on est bouleversé... tu sais, c'est à cause du Père Jack, il ne sait plus où il a mis le ticket de loto.

ANNA - Quel ticket de loto ?

ELEONORE - T'es pas au courant c'est vrai. On a gagné au loto... oui ma vieille, et les 6 numéros.

ANNA - C'est pas possible ! Mais qui ON ?

ELEONORE - Marianne, Claire, Louise, Gérald, Yvon et moi. On est à 6,

45

mais ça fait quand même quelques millions anciens chacun.

ANNA - Ça alors ! Yvon ne m'avait pas dit qu'il jouait au loto. Et le Père Jack aurait perdu le ticket ?

ELEONORE - Perdu... perdu... c'est vite dit, moi j'crois plutôt...

GERALD - *(l'interrompant)* Eléonore ! tu exagères toujours. Le Père Jack est honnête. Il va bien le retrouver le ticket.

ELEONORE - Il a intérêt, oh oui alors... il a intérêt... *(Et elle sort.)*

ANNA - En voilà une histoire !

GERALD - Oui, qu'est-ce que je te sers ?

ANNA - Bien... mets-moi un petit Julienas, je n'en bois que quand je viens ici.

GERALD - Dans ce café je ne sers pratiquement que ça toute la journée... ça et des petits rhums. *(Il la sert.)*

ANNA - C'est pas avec ça que tu vas faire fortune en effet... Au fait, je viens de voir le bedeau. Dis donc, ça ne s'arrange pas son nez... il est encore plus rouge que l'année dernière. J'ai pensé un moment qu'il devançait le carnaval et qu'il avait mis un nez de clown.

GERALD - Non, il ne ferait pas ça. Mais c'est vrai qu'il est de plus en plus rouge son nez ; mais il ne met rien dessus.

ANNA - *(plaisantant)* Ça doit être pratique pour y voir la nuit, il n'a pas besoin de lanterne. *(Elle rit.)*

GERALD - Ah oui, on peut dire que c'est un nez-nu-phare.

ANNA - *(éclatant de rire)* Je ne sais pas pourquoi mais je le prévoyais celui-là. Bon... soyons quand même sérieux... tu n'as pas vu Yvon ?

GERALD - Ecoute, tu vas me faire le plaisir de ne plus bouger d'ici. Ça commence à bien faire cette histoire-là. Allez, assois-toi ici. Prends un journal et fais les mots croisés.

ANNA - Les mots croisés ? Mais je ne sais pas les faire !

GERALD - Bien alors tu les décroises...

ANNA - Je les décroise... mais...

GERALD - Tiens, tu fais comme Claire ou le Père Jack... consulte les annonces matrimoniales.

ANNA - Les annonces mat... mais tu es fou... si c'est comme ça... *(Elle s'apprête à partir.)*

GERALD - C'est comme ça, mais tu ne bouges pas d'ici parce que l'Yvon il ne devrait pas tarder.

(Anna marmonne en hochant de la tête et se plonge dans le journal pendant que Gérald essuie les tables.)

ANNA - Je ne savais pas que le musée avait été cambriolé. Ils disent qu'une trentaine de toiles a disparu.

GERALD - Je sais. Ce sont les toiles filantes.

ANNA - *(riant)* Bien, mais il ne vaut pas les autres celui-là.

(La concierge fait son entrée.)

LA CONCIERGE - Gérald, sers-moi un petit rhum. Tu es là Anna... alors tu l'as vu Yvon ?

ANNA - Non...

GERALD - *(servant madame Martin)* C'est pour ça que je lui ai dit de ne pas bouger d'ici.

LA CONCIERGE - C'est plus sage... *(A Anna)* Alors, ton petit voisin, il l'a vu Madour ?

ANNA - C'est Zouka qui était là... elle est très gentille et son cacatoès vraiment efficace... je vous remercie.

GERALD - Madame Martin, est-ce qu'il y a des nouveaux forains d'arrivés ?

LA CONCIERGE - C'est plutôt à Anna de le dire. J'ai quand même croisé Katy, la femme à barbe... C'est un cas aussi celle-là.

GERALD - Oui, c'est un cas typique.

LA CONCIERGE - Typique ?

ANNA - Mais vous n'avez pas compris madame Martin, avec sa barbe Katy pique... c'est un cas typique.

LA CONCIERGE - *(riant enfin)* Oh là là, je ne l'avais pas vu passer celui-là. C'est incroyable, il ne peut pas s'en empêcher... quel numéro quand même ! c'est comme Yvon, dans ce domaine-là c'est aussi un as, et je crois bien que sa sœur prend le même chemin.

ANNA - Mais Yvon n'a pas de sœur !

GERALD - Non, Yvon c'est un As... un As sans sœur...

(Tous rient.)

ANNA - Et allez donc !

GERALD - Vous vouliez sans doute parler de la petite Marie : c'est sa petite cousine.

LA CONCIERGE - Ah bon ! *(Elle boit une gorgée et se met à rire.)* Je viens justement de la voir avec le petit Michel d'Estaing, ils n'avaient pas l'air de s'ennuyer.

ANNA - Que voulez-vous dire ?

LA CONCIERGE - *(riant à nouveau)* Ils étaient sous le porche de l'église en train de se rouler une... euh... enfin de s'embrasser.

GERALD - Le petit d'Estaing qui... *(Et il se met à rire.)* eh bien c'était la pelle du d'Estaing !

(Anna et madame Martin pouffent.)

ANNA - Celui-là, il faudra que je le retienne.

LA CONCIERGE - *(se remettant)* Trop fort pour moi, je préfère m'en aller. *(Et elle sort.)*

ANNA - Sacrée concierge !

(La porte s'ouvre, Sonia et Claire entrent.)

CLAIRE - Il paraît que le Père Jack a perdu le ticket de loto, je viens de voir Eléonore...

GERALD - Mais non, il ne se rappelle plus où il l'a mis... c'est tout, ça lui reviendra.

SONIA - Il faut l'espérer, une somme pareille !

GERALD - Oui, ne vous inquiétez pas. Bon, Sonia, tu vas me remplacer.

SONIA - Encore !

48

GERALD - *(regardant sa montre)* Oui, je dois aller voir le caméléon. Il voulait me montrer la voiture avec laquelle il allait faire la course de stock-car.

CLAIRE - Eh bien... je l'ai vue sa bagnole : il était entrain de taper dessus avec un maillet. Je croyais qu'il était devenu fou. Il m'a dit que les voitures de stock-car devaient donner l'impression d'avoir fait beaucoup de courses, alors...

GERALD - Alors il fait car à bosses.

TOUS ENSEMBLE - Fée Carabosse ! *(Et ils rient tous ensemble.)*

GERALD - Je vais voir ça. *(Et il sort.)*

CLAIRE - Fée Carabosse, il fallait le trouver celui-là !

(Des coulisses on entend la voix de Gérald (fort).)

GERALD - *(en coulisse)* Ah Yvon, excuse-moi mon vieux, je dois m'absenter mais Sonia est là.

CLAIRE - Anna, voilà Yvon... cache-toi.

SONIA - Oui, mets-toi derrière nous, vite...

(La porte s'ouvre, Yvon entre.)

YVON - Vous n'avez pas vu Anna ?

SONIA et **CLAIRE** - *(ensemble)* Noooooon !

YVON - Oh zut, je renonce.

ANNA - *(écartant Claire et Sonia)* Eh bien ! tu n'es guère persévérant.

YVON - Persé... *(Puis criant presque)* Anna ! Enfin... *(Il se précipite vers Anna qui lui tend les bras ; ils se congratulent et se mettent à valser et Yvon à chanter.)* Le ciel est bleu, tout est joyeux...

CLAIRE - Ça au moins, pour des retrouvailles... Yvon, tu dois arroser ça... allez... paye-nous un coup.

YVON - *(s'approchant du comptoir en tenant Anna par la taille)* Volontiers, Sonia, sers-nous quelque chose, c'est ma tournée.

SONIA - Il n'est pas l'heure de l'apéritif, je vous sers un petit Julienas... ça ne te coûtera pas cher. Le champagne, ça sera quand le Père Jack aura retrouvé le ticket.

YVON - Ah oui, c'est vrai...

CLAIRE - Ne parlons plus de loto, moi ça me rend malade... on verra bien tout à l'heure.

YVON - Anna... samedi... est-ce que tu fermes ta boutique le soir ? Après 20 heures on n'achète plus de nougats...

ANNA - Si j'en vends... pourquoi veux-tu que je ferme ma boutique ?

YVON - J'aurais aimé t'emmener au gala d'ouverture de la fête.

ANNA - Ah c'est gentil. Bon... d'accord, je fermerai plus tôt. Mais j'ai promis à la cartomancienne de garder son petit Arthur ce soir-là : je serai obligée de le prendre avec nous.

CLAIRE - Mais tu ne le pourras pas ! C'est un gala très chic et les enfants ne sont pas admis.

YVON - C'est vrai... au gala pas gosses !

(Rire général, même de Anna qui s'arrête net.)

ANNA - Le Galapagos c'est loin ! Eh bien tant pis, c'est dommage mais je ne pourrai pas y aller.

CLAIRE - Mais si, vas-y avec Yvon, vous ne vous voyez pas si souvent. Je le garderai moi, le petit Arthur. Il tiendra compagnie à la petite Ella que je garde aussi ce soir-là.

ANNA - Ella ?

SONIA - Oui, c'est la petite fille à Gérald. D'habitude c'est ma mère qui la garde, mais ce soir-là elle ne peut pas, alors Claire a accepté de s'en charger.

ANNA - Je ne savais pas que Gérald avait une fille... Ella... C'est original comme prénom... si c'est lui qui l'a choisi, bravo !

YVON - Il ne pouvait pas l'appeler autrement.

ANNA - Et pourquoi ?

YVON - Mais parce que Ella fille de Gérald...

(Eclats de rire général.)

ANNA - Ella Fitzgérald ! la chanteuse !...

CLAIRE - Oui, on avait compris. Soyons un peu sérieux, tu peux aller tranquille au gala avec Yvon.

ANNA - Oh c'est chic, merci. *(Elle l'embrasse.)*

YVON - Oui, je te remercie aussi Claire. *(Il l'embrasse également.)* Viens Anna, on va aller faire un tour.

SONIA - Mais revenez ce soir, il y aura peut-être du nouveau pour...

YVON - *(l'interrompant)* On a compris, à tout à l'heure. *(Il prend Anna par la main et sort.)*

CLAIRE - Ils en ont de la chance eux, c'est pas comme moi.

SONIA - Oh arrête de te plaindre, tu es jeune, tu trouveras bien quelqu'un.

(La porte s'ouvre laissant entrer le Père Jack suivi de Eléonore et de Marianne.)

ELEONORE - Père Jack, moi je n'rigole plus... ce ticket vous allez nous dire ou vous l'avez planqué.

TOUS ENSEMBLE - Oh !

PERE JACK - *(allant s'asseoir)* Planqué... planqué... à t'entendre on pourrait croire que je l'aurais camouflé pour me l'approprier ensuite... c'est insultant... je ne suis pas un voleur... moi !

ELEONORE - Que voulez-vous di...

MARIANNE - Mais non Père Jack, on sait bien qu'vous êtes un homme honnête, mais on sait aussi qu'vous n'avez pas d'mémoire.

CLAIRE - Oui, pas de mémoire, mais faîtes donc un effort bon sang !

PERE JACK - Un effort ! Mais je ne fais que ça... je réfléchis... je réfléchis...

ELEONORE - C'est ça, réfléchissez... mais réfléchissez vite… *(Puis vers le public)* J'suis sûre que l'ticket est dans l'une de ses poches. *(Puis à nouveau au Père Jack)* Allez, on n'va pas y passer la journée... videz vos poches...

TOUS ENSEMBLE - Oh !

PERE JACK - Vider mes... *(Portant une main à son cœur)* Oh je... je...

SONIA - *(se précipitant)* Ça ne va pas Père Jack ?

MARIANNE - Mais il se sent mal ! *(Se tournant vers Eléonore)* Toi t'en rates pas une.

ELEONORE - Mais c'est d'la comédie tout ça ! D'ailleurs j'l'avais prévu... j'ai am'né c'qu'il faut...

(Elle fouille dans ses poches et en sort un petit sachet.)

51

SONIA - Ça va tourner mal... moi je préfère aller chercher Gérald... je reviens. *(Elle sort.)*

MARIANNE - Qu'est-ce que c'est qu'ça ?

CLAIRE - Tu ne vas pas l'empoisonner au moins ?

ELEONORE - Mais non... c'est pour l'cœur quand il déraille... c'est efficace... si c'est pas d'la comédie ça va l'remettre tout d'suite.

(Elle va au comptoir, emplit un verre d'eau et y verse le contenu du sachet.)

MARIANNE - T'es sûre de toi, hein ?

ELEONORE - Oui, tenez Père Jack, buvez... ça va vous r'mettre.

PERE JACK - *(se redressant)* Qu'est-ce que c'est ? Tu veux m'empoisonner maintenant ?

ELEONORE - Mais non, on n'va pas vous trucider... on s'ennuierait sans vous... allez, buvez, ça vous f'ra du bien.

(Le père Jack boit d'abord une petite gorgée.)

PERE JACK - Pouah !

ELEONORE - Non... tout d'un coup... *(Il vide tout le contenu.)*

CLAIRE - Moi je ne suis pas tranquille. Si ça va mieux tu vas nous faire le plaisir de le laisser tranquille le Père Jack.

(Le Père Jack s'affaisse sur la table.)

MARIANNE - Il est mort ! Qu'as-tu fait malheureuse...

CLAIRE - C'est une catastrophe... je m'en doutais que ça finirait mal !

ELEONORE - *(s'approchant du Père Jack et lui redressant la tête)* Mais non, bande de gourdes... il dort et comme j'ai calculé la dose, il en a pour dix minutes.

MARIANNE - Calculé la dose... tu veux dire…

ELEONORE - Que j'lui ai donné du somnifère... oui. Il va pas en mourir.

CLAIRE - Mais elle est folle... pourquoi grand Dieu l'avoir endormi... ça te sert à quoi, je te le demande ?

ELEONORE - Bien pour le fouiller pardi.

MARIANNE - T'as raison Claire, elle est folle.

ELEONORE - C'est vous qu'êtes des nounouilles... vous n'gambergez pas ! Vous n'avez pas compris qu'il y a 90 chances sur 100 pour que l'ticket soit dans une de ses poches ? Oh puis on cause, on cause... ça fait déjà une minute de perdue... dépêchons-nous... Vous n'avez qu'à l'soul'ver, c'est moi qui l'fouill'rai si ça vous fait peur.

MARIANNE - Mais je rêve... bon, puisqu'il faut y aller... Claire, on l'aide et on s'tire aussitôt.

CLAIRE - On aura bonne mine si il se réveille.

ELEONORE - Pas d'danger si on fait vite.

(Claire et Marianne se placent à droite et à gauche du Père Jack, l'empoignent et le mettent debout. Eléonore commence à lui enlever la veste et à faire les poches. Elle sort carnet, stylo et portefeuille.)

Il n'est pas dans la veste. *(Elle vérifie la poche de la chemise.)* Rien là non plus.

CLAIRE - C'était à prévoir... allez... on laisse tomber.

ELEONORE - Certainement pas. Voyons dans les chaussettes.

MARIANNE - Mais t'es folle !

ELEONORE - J'le connais l'Père Jack, c'est un vicieux... et les chaussettes c'est une cache excellente.

CLAIRE - Ma parole, on est en plein délire !

(Marianne et Claire rassoient le Père Jack et lui enlèvent les chaussettes.)

MARIANNE - *(s'exclamant)* Mais il a deux paires de chaussettes !

ELEONORE - *(retournant les chaussettes)* Deux paires de chaussettes, ça m'rappelle qu'chose... pas vous ?

MARIANNE - Moi aussi, mais quoi ?

ELEONORE - Rien dans les chaussettes, mais on n'lui enlève pas la deuxième paire *(puis comme s'excusant)* c'est à cause de l'odeur, vous comprenez... Il vaut mieux voir du côté pantalon.

(Claire et Marianne relèvent à nouveau le Père Jack.)

(fouillant la poche arrière) Rien de c'côté-là... voyons voir les autres poches... *(Elle s'apprête à plonger la main dans la poche gauche mais s'arrête net.)* Ah non... j'peux pas !

MARIANNE - Comment ça ?

ELEONORE - Non j'peux pas.

CLAIRE - Et pourquoi tu ne peux pas ?

ELEONORE - Et si les poches sont trouées qu'est-ce que j'vais trouver ? hein... Non, à vrai dire j'aime mieux lui enl'ver l'pantalon.

MARIANNE - Tu n'parles pas sérieusement ?

CLAIRE - Ah non ! Pas ça...

ELEONORE - Si, j'vais faire vite. *(Et avant même d'en être empêchée, elle dégrafe la ceinture et déboutonne le pantalon. Celui-ci tombe aux pieds du Père Jack qui se retrouve en caleçon long.)*

CLAIRE - Bien dîtes-donc... heureusement qu'il porte un caleçon.

MARIANNE - *(vers le public)* Si on nous voyait !

ELEONORE - *(ayant fouillé)* Rien du tout... pourtant...

PERE JACK - *(semblant revenir d'un long voyage se met à crier)* Antonia... Antonia... la boîte, le ticket... oui, la boîte...

(Effrayées, Marianne et Claire lâchent le Père Jack qui reste debout tandis que Gérald et Sonia font leur entrée.)

GERALD - Mais Père Jack, qu'est-ce qui vous arrive ?

SONIA - Dans cette tenue...

PERE JACK - *(baissant les yeux et réalisant la situation)* Oh mais... au secours... à moi... on me viole !

(Et il va s'enfermer dans les toilettes. Gérald regarde, soupçonneux, les trois femmes qui se passent et se repassent les vêtements du Père Jack, ne sachant comment les dissimuler.)

SONIA - Qu'est-ce qui est arrivé ?

GERALD - Qu'est-ce que vous avez fait ? *(Regardant Claire qui baisse les yeux)* Et toi Claire, j'aurais jamais cru...

CLAIRE - Ben... c'est pas moi... c'est Eléonore qui...

MARIANNE - Oui, c'est Eléonore qui avait endormi l'Père Jack.

ELEONORE - Bien oui quoi, y a pas d'mal à ça...

SONIA - T'es complètement folle ! Et pourquoi ?

54

ELEONORE - Parc'que j'étais persuadée qu'il avait l'ticket sur lui, alors...

GERALD - Alors... alors... vous avez fait du propre. Qu'est-ce qu'on va lui dire maintenant au Père Jack ? Hein ?

SONIA - Oui, qu'est-ce qu'on va lui dire ?

GERALD - Vous allez me faire le plaisir de déguerpir tout de suite, je vais me débrouiller.

(Marianne et Eléonore sortent les premières.)

CLAIRE - Tu sais Gérald, c'est peut-être une bonne chose qu'Eléonore ait endormi le Père Jack.

GERALD - Une bonne chose ! ah tu en as de bonnes toi ! Décidément...

CLAIRE - Oui, écoute... quand il s'est réveillé le Père Jack il a crié : Antonia... au fait j'ai déjà entendu ce prénom quelque part...

SONIA - Peut-être mais je ne vois pas...

CLAIRE - Mais il a crié aussi : le ticket... la boîte...

GERALD - Il a dit le ticket ! tu en es sûre ?

SONIA - Et aussi la boîte ?

CLAIRE - Il l'a pas dit... Il l'a crié...

GERALD - *(réfléchissant)* Le ticket, la boîte... J'y suis, ça se tient... le Père Jack m'a dit qu'il n'y avait personne quand il est venu rapporter le ticket... c'était à 14 heures... je devais être aux toilettes. Il m'a dit qu'il avait fait tomber le ticket à terre, qu'il l'a ramassé et qu'ensuite il ne se rappelait plus. La cagnotte était sur le comptoir... il a dû mettre le ticket dedans... et oui...

SONIA - *(prenant la boîte et la renversant sur le comptoir)* C'est bien simple, on n'a qu'à vérifier... Non, rien du tout !

GERALD - Je vais voir ça avec lui...

CLAIRE - Je me sauve, je ne veux pas qu'il me voit. *(Elle sort.)*

SONIA - *(restée seule avec Gérald)* Qu'est-ce que tu vas lui dire ?

GERALD - N'importe quoi, ça ne tiendra pas debout mais tant pis. *(Puis ramassant les affaires du Père Jack et se dirigeant vers les toilettes)* Alors Père Jack, on est somnambule et on fait du strip-tease maintenant ? *(Il entr'ouvre la porte des toilettes et lance les vêtements du Père Jack.)*

55

PERE JACK - *(à travers la porte)* Somnambule moi ! C'est plutôt un coup d'Eléonore oui...

GERALD - Peut-être, mais c'est involontaire... vous ne vous sentiez pas bien alors elle a cru bien faire en vous donnant un médicament pour le cœur... mais elle s'est trompée... elle vous a donné un somnifère.

PERE JACK - C'est ça... et le fait que je me sois retrouvé en petite tenue alors ? *(Il sort des W-C tout en achevant de se rhabiller.)*

GERALD - C'est sans doute l'effet du produit : vous vous êtes vraiment déshabillé... c'est pour ça qu'elles se sont toutes sauvées... effrayées qu'elles étaient !

PERE JACK - C'est ça, bien moi je ne suis pas convaincu : cette Eléonore est capable de tout !

SONIA - Au fait Père Jack, il parait qu'en dormant vous avez parlé de ticket et de boîte...

PERE JACK - *(réfléchissant)* Ah oui ! ça y est... maintenant je me souviens... le ticket, je l'ai mis dans votre cagnotte... c'est ça, elle était là sur le comptoir.

GERALD - C'est ce qu'on avait pensé, mais on vient de regarder... le ticket n'y est pas.

PERE JACK - Alors là, je n'y comprends plus rien... pourtant j'en suis sûr. Il y a vraiment du mystère ici... *(Il baille.)* oh là là ! j'ai encore envie de dormir... *(Puis vers le public)* Qu'est-ce qu'elle m'a mis comme dose l'Eléonore ! *(Puis à Gérald)* Je vais aller prendre une douche, ça va me réveiller. *(Il sort.)*

SONIA - Oui, Eléonore a eu la main lourde... mais ça ne résout pas le problème du ticket.

GERALD - Non, malheureusement.

(Claire, Marianne et Eléonore font leur entrée.)

Vous revoilà vous...

MARIANNE - Ça c'est bien passé ?

GERALD - Heureusement, mais vous faites quand même une sacrée équipe toutes les trois ! Ne me recommencez jamais plus une chose pareille...

CLAIRE - Non, sois tranquille. On est revenues pour parler de choses vraiment bizarres.

SONIA - Bizarres ?

GERALD - Qu'est-ce qu'il y a encore ?

MARIANNE - Voilà... tout à l'heure le Père Jack a parlé de boîte et de ticket, mais il a crié aussi. *(Elle crie.)* Antonia... Tenez-vous bien : c'est comme ça qu'autrefois Louise se faisait appeler !

GERALD - Louise se faisait appeler Antonia ?

SONIA - Mais pourquoi ?

CLAIRE - Oh ça serait trop long à vous expliquer, mais il n'y a pas que ça... Louise nous a dit que son ancien, dont elle est toujours amoureuse...

SONIA - Louise amoureuse ! Mais tu es folle !

CLAIRE - Si... amoureuse... donc je disais que son ancien portait toujours deux paires de chaussettes

ELEONORE - Et le Père Jack aussi... il porte deux paires de chaussettes, alors... qu'est-ce que vous en dîtes ?

GERALD - C'est marrant ce que vous dîtes, le Père Jack avec deux paires de chaussettes. *(Il rit.)*

SONIA - Ne ris pas Gérald, le Père Jack porte deux paires de chaussettes et l'ancien à Louise aussi en portait deux paires. Autrefois Louise se faisait appeler Antonia or c'est ce prénom que le Père Jack a crié tout à l'heure. Tu ne trouves pas ça troublant ?

GERALD - Troublant... peut-être... mais c'est une coïncidence voilà tout.

CLAIRE - Coïncidence... tiens... il s'appelle Jack...

GERALD - Et alors, il a bien le droit de s'appeler Jack, non...

CLAIRE - Louise appelait son chéri Jacou... Jacou c'est comme ça qu'autrefois on appelait les Jack.

GERALD - Oh là ! Qu'est-ce que vous essayez de me dire... que le Père Jack serait l'ancien petit ami de Louise ?

ELEONORE - Oui, c'est c'qu'on pense.

GERALD - Ne soyez pas idiotes... réfléchissez un peu... Ça fait à peu près trois ans que Louise et le Père Jack se côtoient ici. Si ils s'étaient connus autrefois ils se seraient bien reconnus quand même !

CLAIRE - Pas si sûr. Et la photo... hein la photo... qu'est-ce que vous en faîtes ?

57

GERALD - Quelle photo ?

MARIANNE - *(comme une révélation)* Mais oui... la photo que le Père Jack avait envoyée à Claire. Oh !

ELEONORE - C'était celle d'un homme de 35 ans, et qui n'r'ssemblait pas du tout mais pas du tout au Père Jack. C'est pour ça que Claire s'est fait piéger.

CLAIRE - Oui, et c'était pourtant la sienne. Donc si il a autant changé c'est normal que Louise ne le reconnaisse pas.

SONIA - C'est vraiment délirant cette histoire.

GERALD - En effet, mais lui alors... il n'a pas reconnu Louise... c'est vraiment trop gros... Je crois que vous faîtes fausse route.

MARIANNE - Moi tu sais... plus rien n'm'étonne maintenant... on m'dirait que j'suis la sœur de Jospin, je l'croirais.

CLAIRE - Mais on ne te le dit pas. Pour Louise je crois avoir l'explication. L'autre jour je suis allée chez elle. Sur la commode il y avait le portrait d'une belle jeune fille blonde, avec des cheveux de rêve tous bouclés... une vraie princesse. Je lui ai demandé si c'était une parente, elle m'a répondu que c'était elle à 18 ans. Je croyais qu'elle me charriait parce que ça ne lui ressemblait pas du tout. Oh là là si elle a dit vrai !

ELEONORE - Alors c'est pas étonnant que l'Père Jack ne l'ait pas r'connue non plus.

SONIA - Bien moi j'y crois maintenant à cette histoire.

GERALD - On nage complètement dans le vaudeville.

ELEONORE - Oui, et tout ça c'est grâce à moi.

TOUS ENSEMBLE - Grâce à toi !

ELEONORE - Evidemment, Si je n'l'avais pas endormi l'Père Jack, on n'l'aurait pas entendu appeler Antonia... et si je n'l'avais pas déculotté et défait ses chaus...

SONIA - Oh !

ELEONORE - On n'aurait jamais su qu'il portait deux paires de chaussettes.

MARIANNE - Vu comme ça on n'peut pas dire qu'elle a tord Eléonore.

CLAIRE - Il va falloir qu'on en ait le cœur net. Je vais aller chercher la photo du Père Jack. *(Elle sort.)*

MARIANNE - C'est une bonne idée. On s'en va aussi, on r'viendra tout à l'heure, viens Eléonore.

ELEONORE - Oui... de toute façon il va bien falloir encore l'asticoter l'Père Jack si on veut récupérer l'ticket d'loto.

TOUS ENSEMBLE - Oh non !

(Claire, Eléonore et Marianne sortent.)

SONIA - Elle n'en démord pas !

GERALD - Oui mais cette fois on ne la laissera pas faire.

(La porte s'ouvre, Louise entre.)

Ah Louise ! On parlait de toi...

LOUISE - En bien j'espère...

SONIA - Bien sûr. Claire vient de sortir, elle nous a dit qu'elle était allée chez toi l'autre jour.

LOUISE - C'est vrai. Elle est venue me demander des conseils à propos du Caméléon. Il paraît qu'il voudrait la fréquenter. Elle, elle ne sait pas ce qu'elle doit faire. Mais pourquoi ? Elle t'en a parlé ?

SONIA - Qu'elle a été chez toi, oui, mais pas de Léon.

LOUISE - Alors si c'est pas de Léon je ne vois pas...

SONIA - C'est à propos de ton portrait de jeune fille qu'elle a vu sur ta commode. Elle a dit que tu étais très jolie...

LOUISE - Tiens donc ! Elle n'avait pourtant pas l'air de me croire quand je lui ai dit que c'était moi.

GERALD - Eh bien, si c'est vrai ce qu'elle a dit, c'est normal qu'elle...

SONIA - *(l'interrompant)* Bien oui, elle nous a dit que tu étais blonde et bouclée sur la photo. Nous on t'a toujours connue brune.

LOUISE - C'est normal, je suis brune. Mais quand j'étais jeune fille je n'aimais pas les brunes... et les garçons à cette époque préféraient les blondes.

GERALD - Alors tu décolorais tes cheveux !

LOUISE - Et oui, et tout le monde trouvait ça bien. Mon Jacou les adorait mes cheveux. Mais pourquoi me parlez-vous de moi comme ça ? Il y a quand même d'autres sujets de conversation. Vous feriez mieux de me dire où en est l'histoire du ticket de loto.

(La concierge fait son entrée.)

LA CONCIERGE - Je viens d'entendre parler de loto, alors ça y est, vous l'avez retrouvé ?

SONIA - Non...

GERALD - Le Père Jack nous a dit qu'il l'avait mis dans la cagnotte.

LOUISE - Le Père Jack ne ment jamais.

SONIA - Tiens... tiens...

LOUISE - Pourquoi fais-tu tiens tiens ?

GERALD - *(l'interrompant)* On a regardé dans la boîte et le ticket n'y est pas.

LA CONCIERGE - *(semblant réfléchir)* Dans la cagnotte... ça alors...

GERALD - Qu'est-ce qu'il y a madame Martin ?

LA CONCIERGE - J'y suis... Rappelle-toi Gérald, quand tu as cru qu'un voleur était venu et que tu as vérifié le contenu de la boîte... tu as laissé tombé un ticket... je l'ai ramassé et tu as dit : "Il n'y a pas de raison de garder les vieux tickets" et tu l'as balancé !

LOUISE et **SONIA** - *(ensemble)* A la poubelle !

LA CONCIERGE - Non, dans la corbeille à papiers.

GERALD - La cor... *(Il se précipite derrière le comptoir, se saisit de la corbeille à papiers et en déverse le contenu.)* Il devrait y être encore... *(Avec un cri de victoire)* Le voilà !

SONIA - Tu es sûr que c'est le bon ?

(Louise se précipite et prend le ticket.)

LOUISE - Le 1, le 5, le 15, le 25, le 35, et... *(Elle s'affale sur une chaise.)* le 45 ! C'est pas vrai, on a véritablement gagné.

(Gérald et Sonia se précipitent vers elle, la relève et s'apprêtent à faire une ronde quand Gérald s'aperçoit que la concierge s'apprête à partir.)

60

GERALD - Oh madame Martin, ne vous sauvez pas, c'est grâce à vous si on l'a retrouvé ce ticket... allez... venez...

LA CONCIERGE - Non, merci... j'ai une course à faire... à tout à l'heure pour le champagne.

(Elle sort tandis que tous les trois se mettent à danser et à chanter.)

GERALD - *(plus fort que les autres)* On a gagné... on a gagné... on a gagné...

SONIA - *(se dégageant)* Bon, je suis heureuse pour vous. Mais ce n'est pas moi qui ai gagné.

GERALD - Ne sois pas sotte ! Tu sais très bien que ce qui est à moi est à toi !

SONIA - *(l'embrassant)* Je le sais. Je vais aller prévenir tout le monde. Je sens que ça va être la fête ce soir. *(Elle sort.)*

LOUISE - Sûr que ça va être la fête. Tu te rends compte Gérald ce qui nous arrive ! Qu'est-ce qu'on va faire avec tous ces millions !

GERALD - Oh moi, pas de problème, ils vont presque tous passer dans l'achat du restaurant de la gare.

LOUISE - Ça c'est un bon investissement, je serai ta première cliente.

GERALD - C'est gentil, et toi... qu'est-ce que tu vas en faire de ces millions ?

LOUISE - Je pense me payer quelques beaux voyages, mais tu sais quand on vit seule...

GERALD - Il est possible que tu ne sois pas toujours toute seule... d'ailleurs j'ai ma petite idée là-dessus...

LOUISE - Que veux-tu dire ?

(Claire, une enveloppe à la main, Marianne, Eléonore font leur entrée suivies du Père Jack soucieux qui va s'installer à la table du fond.)

GERALD - Tu ne vas pas tarder à le savoir ce que je veux dire.

ELEONORE - Père Jack il faut...

GERALD - *(l'interrompant)* Il ne faut rien du tout. Tu fiches la paix au Père Jack !

ELEONORE - Mais...

MARIANNE - Il n'y a pas d'mais, t'as fait assez d'bêtises comme ça !

CLAIRE - Alors Louise ça va ? *(Elle fait tomber la photo du Père Jack.)* Oh mince ! *(Elle fait mine de vouloir la ramasser mais Louise la devance. Machinalement Louise regarde la photo et va s'affaler sur une chaise.)*

LOUISE - *(tremblante, la photo à la main)* Mais où as-tu eu cette photo ?

(Tout le monde regarde vers Louise sauf le Père Jack qui semble toujours lointain.)

CLAIRE - *(allant s'asseoir près d'elle)* Qu'importe ! Mais tu as l'air toute troublée... tu connais ?

LOUISE - C'est pas possible... pas possible... c'est un rêve... pince-moi.

(Claire la pince.)

Aïe ! *(Elle se lève d'un bond.)* Mais c'est mon Jacou ! Mais où as-tu eu cette photo ?

CLAIRE - T'occupe. C'est la photo... *(Puis elle regarde tout le monde. Gérald lui fait un signe d'encouragement.)* C'est la photo du Père Jack quand il avait 35 ans.

LOUISE - *(se levant à nouveau)* Du Père Jack ! Mais tu es folle ! C'est pas possible.

MARIANNE - Si... c'est vrai Louise. Le Père Jack est bien ton Jacou. *(Jetant un coup d'œil vers le Père Jack qui semble dormir sur ses bras repliés)* Ton Jacou, il portait bien deux paires d'chaussettes ?

LOUISE - Oui mais je ne vois pas...

MARIANNE - *(continuant)* Et tu te faisais bien appeler Antonia ?

LOUISE - Oui mais...

ELEONORE - *(qui n'avait rien dit jusque là)* Eh bien l'Père Jack porte deux paires d'chaussettes et dans son sommeil il a crié Antonia !

LOUISE - Et dans son sommeil il a.... mais comment tu sais ça toi ?.. tu couches...

MARIANNE - *(au secours d'Eléonore)* Mais non... elle couche pas... mais c'est une longue histoire, on te racontera ça plus tard. Ce qui est important c'est que tu saches que ton Jacou... *(Elle regarde en direction du Père Jack.)* Il est ici.

LOUISE - *(semblant défaillir)* Mais c'est débile... il était là... tous les jours... à côté de moi, et moi qui...

CLAIRE - C'est normal, il a tellement changé !

LOUISE - Oui mais lui, il aurait pu me reconnaître !

ELEONORE - Louise, toi aussi t'es plus la même... tu es brune, et pire : tu n't'appelles plus Antonia. Comment il pouvait deviner ?

(Brusquement décidée, Louise se lève et se dirige vers le Père Jack qui semble toujours endormi. Elle se place à côté de lui et se met à fredonner.)

LOUISE - Ah qu'il doit être doux et troublant, l'instant du premier rendez-vous...

PERE JACK - *(se redressant sans la regarder)* Antonia ! *(Puis tournant la tête vers Louise)* Vous Louise ! Vous connaissez cette chanson ?... Mais... c'est la voix d'Antonia ! Antonia... Antonia ?

LOUISE - Oui Jacou... c'est moi Antonia ! *(Et elle se serre un peu plus près.)*

PERE JACK - Comment est-ce possible ? *(Il se lève et vers le public.)* Mais je rêve !

LOUISE - *(le rejoignant sur le devant de la scène)* Non, tu ne rêves pas !

PERE JACK - On se serait côtoyés pendant plus de 3 ans sans se reconnaî-tre... mais c'est fou !

(Puis se regardant dans les yeux, tous deux émerveillés et dans un ensemble parfait.)

TOUS DEUX - Tu n'as pourtant pas changé !

(Tout le monde sur scène rit et applaudit bien fort.)

GERALD - Et comme un bonheur n'arrive jamais seul, Père Jack, je peux vous dire qu'on a retrouvé le ticket de loto et qu'on a ga-gné !

PERE JACK - Oh ! c'est vrai ?

MARIANNE, ELEONORE et **CLAIRE** - *(ensemble)* Le ticket !

MARIANNE - Mais où il était ?

GERALD - A la poubelle.

ELEONORE - L'Père Jack l'avait...

GERALD - Non, c'est moi. Je vous expliquerai ça plus tard... maintenant...

(Sonia entre suivie de Anna et de Yvon.)

SONIA - On va faire la fête.

63

YVON - La fête à qui ?

GERALD - On fête notre loto.

YVON - Vous avez retrouvé le ticket ! (*Et il saute.*) Mais c'est fantastique ! *(Puis avisant qu'il y avait beaucoup de monde)* Il est trop petit ton café Gérald... en attendant que tu achètes le restaurant de la gare, on pousse les tables. Allez... aidez-moi...

(Et tout le monde pousse les tables dans un coin.)

GERALD - On va pouvoir danser.

(La porte s'ouvre et la concierge entre.)

LA CONCIERGE - J'ai failli marcher dedans !

CLAIRE - Marcher dans quoi ?

LA CONCIERGE - C'est Lucie, la chienne du voisin qui a laissé une crotte et qui est encore en train d'en faire une autre juste devant la porte !

YVON - Madame Martin il faut laisser Lucie faire.

(Tout le monde rit.)

LA CONCIERGE - Et c'est reparti ! Je vois qu'on s'apprête à faire la fête, j'arrive à temps... pourtant j'ai bien cru que je ne passerais pas avec tout ce chantier.

GERALD - Quel chantier ?

LA CONCIERGE - La grosse remorque de Marius, le propriétaire des autos-tampons s'est renversée au beau milieu du bourg : Tout un chargement de morceaux de bois !

GERALD - Des morceaux de bois ! Marius n'a pas besoin de ça pour son manège !

ANNA - Si... ça doit être ce qu'il met en dessous du plancher pour la mise à niveau. Quand le terrain est en pente il en faut même beaucoup des morceaux de bois !

YVON - Oh ! Mais ce sont des cales alors !

(Les femmes se sont rassemblées et semblent se consulter.)

CLAIRE - *(aux hommes)* Alors les champions... ça ne vous inspire pas cette histoire ?

GERALD et **YVON** - *(ensemble et se regardant)* Nooon !

CLAIRE - Mais voyons...

TOUTES LES FEMMES - *(ensemble)* Y a des cales en bourg !

(Et tout le monde se met à rire et à chanter.)

TOUS - Y a des cales cales cales...

LE RIDEAU TOMBE

FIN

AVIS IMPORTANT

Cette pièce de théâtre fait partie du répertoire de la Société des Auteurs et Compositeurs Dramatiques, 11 bis rue Ballu 75442 PARIS Cedex 09. Tél. : 01 40 23 44 44. Elle ne peut donc être jouée sans l'autorisation de cette société.

Nous conseillons d'en faire la demande avant de commencer les répétitions.

ATTENTION

Le code de la propriété intellectuelle du 1er juillet 1992 interdit expressément la photocopie sans autorisation des ayants droit.

En application de ce code, toute reproduction, par quelque procédé que ce soit, constitue une contrefaçon sanctionnée par les articles 425 et suivants du Code pénal.

Imprimé à la demande par Books On Demand GmbH, Bad Hersfeld, Allemagne

Première édition, dépôt légal : avril 1999

N° d'édition : 988901

ISBN : 2-84422-088-6

9 782844 220882